JN028607

子どもの意見表明権の
理論と実務とこれから

児童相談所業務を中心に

弁護士
社会福祉士
公認心理師　浦　弘文　著

日本加除出版株式会社

はしがき

「お父さんにぼう力を受けています。」,「先生,どうにかできませんか。」

平成 31 年 1 月,千葉県の 10 歳の女の子は決死の覚悟で訴えていたにもかかわらず,その命を救うことができませんでした。

令和 2 年 10 月,広島県内の施設で委託一時保護されていた子どもが,母親との面会を希望していたものの,その希望が叶わず施設内で命を落としました。

子どもの希望をすべて叶えることが常に正しいわけではない一方で,子どもの希望に沿わない判断をした結果として悲劇が起こることは絶対にあってはなりません。児童相談所は,このような「子どもの意見」と「子どもの最善の利益」の狭間で(比喩ではなく)子どもの人生を左右する難しい決断を迫られます。子どものわがままを叶えるのではなく,子どもに自己責任を押し付けるのではなく,しかし,子どもの声を無視するのではなく,また,子どもに自由に意見を表明させて終わるのではなく,目の前の子どもの声に真摯に耳を傾け,その声に,その子どもに大人はどう向き合うべきなのでしょうか。

本書はこのような悩ましい問題に対して,筆者の考えを著したものになります。筆者は現在,弁護士,社会福祉士,公認心理師及び精神保健福祉士の資格を持ちながら,児童相談所において,管理職として,スーパーバイザーとして,そして,いちケースワーカーとして執務しています。また,児童相談所で執務する以前は,いち弁護士として虐待を受けた子どもたちの支援を行っていました。(十分ではないながらも)これまでの知識と経験を踏まえて,そもそも子どもの意見表明権とはなにか(第 1 章),子どもを支援するにあたって子どもの意見表明権を保障するためにはどのような点に留意する必要があるのか(第 2 章),令和 4 年 6 月の児童福祉法等の一部を改正する法律(令和 4 年法律第 66 号)によって子どもの意見表明権の保障の在り方は今後どのように変わるのか(第 3 章・第 4 章)について,可能な限り,抽象論・理想論とならないように説明を試みました。

　日々悩みながらも子どもを支援している児童相談所職員や里親や児童福祉施設職員，子どもの権利擁護や子どもアドボカシー活動に携わる実務家や研究者の方々の業務・活動・研究等の中で，本書が子どもの意見表明権を保障することについてのヒントや手がかりになれば幸甚です。

　本書は，筆者のこれまでの経験，諸先生方から受けた数多くのご指導，様々な文献から得た知識，そして子どもたちと一緒に過ごす中で感じたものを筆者なりに理解・解釈し，まとめたものになります。そのため，私の理解不足や誤解に基づく記載もあるかもしれません。その際はご容赦願いますとともに，ご意見を頂戴できれば幸いです。

　他方で，換言すると，本書は，様々な経験をさせていただき，また多くのご指導をいただいた方々なくして完成することはありませんでした。特に，児童相談所の常勤弁護士としてのスタートを切るとともに様々な貴重な経験をさせていただいた明石こどもセンターをはじめとする明石市職員のみなさま，今も毎日子どものために共に奮闘してくださる奈良市子どもセンターのみなさま，日々ご指導をいただいている日本弁護士連合会子どもの権利委員会の先生方，NPO法人全国子どもアドボカシー協議会及び子どもアドボカシー学会のみなさま，そして子どもの権利の重要性を様々な形で伝えてくれた（元）子どもたちに心から感謝申し上げます。

　また，本書の執筆にあたって様々なサポートをしてくれた妻とわが子にも感謝の言葉を贈りたいと思います。

　最後に，「自分の人生を周りの大人に勝手に決められた，という思いを抱くことなく，子どもが自分の人生を自分で歩くことができるように。」との筆者の想いを本書という形にするにあたっては，日本加除出版の佐伯寧紀氏と牧陽子氏に多大なご尽力をいただきました。改めて深謝申し上げます。

2023年10月

浦　　弘　文

凡　　例

　本書中，法令名等の表記について，略号を用いた箇所があります。

　略号に関しては以下のとおりとします。

〔法令等〕

憲法……日本国憲法（昭和 21 年 11 月 3 日公布）

民……民法（明治 29 年法律第 89 号）

児福……児童福祉法（昭和 22 年法律第 164 号）

改正児福……児童福祉法等の一部を改正する法律（令和 4 年法律第 66 号）によ
　　　　　る改正後の児童福祉法

児福規……児童福祉法施行規則（昭和 23 年厚生省令第 11 号）

家事……家事事件手続法（平成 23 年法律第 52 号）

改正家事……児童福祉法等の一部を改正する法律（令和 4 年法律第 66 号）によ
　　　　　る改正後の家事事件手続法

児童虐待防止法……児童虐待の防止等に関する法律（平成 12 年法律第 82 号）

精神保健福祉法……精神保健及び精神障害者福祉に関する法律（昭和 25 年法律
　　　　　第 123 号）

行審……行政不服審査法（平成 26 年法律第 68 号）

少……少年法（昭和 23 年法律第 168 号）

刑訴……刑事訴訟法（昭和 23 年法律第 131 号）

人訴……人事訴訟法（平成 15 年法律第 109 号）

〔通知等〕

児童相談所運営指針

　　児童相談所運営指針について（平成 2 年 3 月 5 日児発第 133 号，最終改正：
　　令和 5 年 3 月 29 日子発 0329 第 14 号）

子ども虐待対応の手引き

　　子ども虐待対応の手引き（平成 11 年 3 月 29 日児企第 11 号，平成 25 年 8 月

改正版）

一時保護ガイドライン

一時保護ガイドラインについて（平成30年7月6日子発0706第4号，最終改正：令和4年12月6日子発1216第6号）

児童養護施設運営指針

平成24年3月29日厚生労働省雇用均等・児童家庭局長通知

里親及びファミリーホーム養育指針

平成24年3月29日厚生労働省雇用均等・児童家庭局長通知

ガイドライン案

三菱UFJリサーチ＆コンサルティング「アドボケイト制度の構築に関する調査研究報告書」（令和2（2020）年3月）「第Ⅵ章　アドボカシーに関するガイドライン案」

スタートアップマニュアル案

みずほリサーチ＆テクノロジーズ株式会社「権利擁護スタートアップマニュアル作成に関する調査研究報告書」（令和5年3月）・巻末資料「こどもの権利擁護スタートアップマニュアル（案）」

〔裁判例〕

高松地判令和4年8月30日→高松地方裁判所判決令和4年8月30日

東京高判令和3年12月16日→東京高等裁判所判決令和3年12月16日

〔出典〕

家判……家庭の法と裁判

判自……判例地方自治

目　次

第1章　子どもの意見表明権
―“理論”を中心に―

第２章　児童相談所業務と子どもの意見表明権
―"実務"を中心に―

第3章 意見聴取等措置と意見表明等支援事業
─子どもの意見表明権の"これから"─

目　次

第4章　子どもの意見表明権の保障のための制度構築に向けて
―兵庫県明石市におけるこどもの意見表明支援制度―

🍀 全体図の説明 🍀

次ページの 図1 は，子どもの意見表明権の概要及び子どもの最善の利益との関係性を図示したものです（主に第1章において具体的に説明しています。）。

【登場人物】

〈子ども〉
意見表明権を有している子どもです。
性別・年齢・障害の有無に関係なく全ての子どもを意味します。

〈代理人〉
子どもの意見表明権を保障するための子どもの代理人です。
本書においては，主に関係機関から独立した立場で子どもの意見表明を支援する人を想定しています。

〈決定権者〉
子どもに関する事項について決定権限を有する人です。
本書においては，主に児童相談所長，施設長，裁判所などを想定しています。

〈職員〉
決定権者が判断するための補助者として直接子どもと話をする人です。
本書においては，主に児童相談所職員，施設職員，家庭裁判所調査官などを想定しています。

【要素】

〈子どもの意見〉
子どもの意見内容をかたどったものです。
（沈黙も含めて）様々な内容の"意見"があることを表現しています。

〈その他の要素〉
決定権者が判断するために必要な子どもの意見以外の判断要素を表しています。

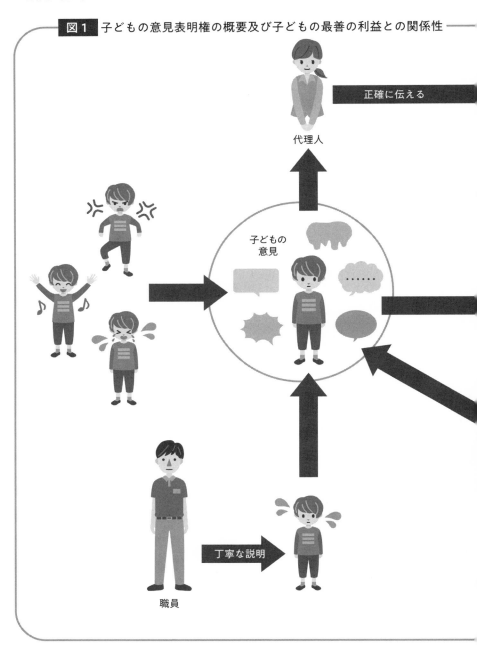

図1 子どもの意見表明権の概要及び子どもの最善の利益との関係性

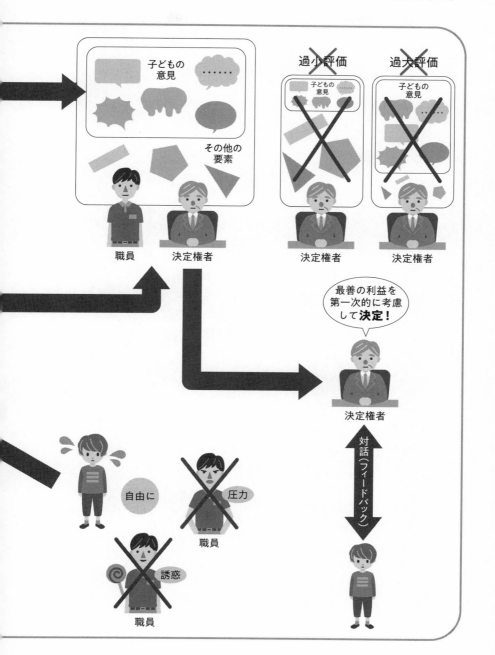

第 1 章

子どもの意見表明権
—— "理論" を中心に ——

はじめに

🍀 1　子どもが自分の人生を歩くための意見表明権

　子どもは，身体的及び精神的に未熟であることを理由に特別な保護や援助が必要であるとされています。そのため，民法では18歳未満の子どもは「未成年者」とされ，親権者などの法定代理人の同意のない法律行為は取り消すことができるとされています（民5条1項本文，2項）。また，飲酒や喫煙も20歳未満の子どもは禁止されています（二十歳未満ノ者ノ飲酒ノ禁止ニ関スル法律1条1項，二十歳未満ノ者ノ喫煙ノ禁止ニ関スル法律1条）。さらに，最近では，1日当たりの子どものゲーム利用時間に上限を定めるように家庭内でルールをつくり遵守させる努力義務を保護者に課した香川県ネット・ゲーム依存症対策条例18条について，成人を含めずに子どもだけを対象とすることは平等原則（憲法14条1項）には違反しないなどとした裁判（高松地判令和4年8月30日裁判所ウェブサイト）が注目を集めました。

　これらは，子どもが身体的及び精神的に未熟であること，すなわち「成人とは生育過程上異なる段階にあることに基づくもの」（前記高松地判）であることを理由に，法令がパターナリスティックに子どもの権利を制限している（個人の利益を保護するために本人の権利や自由を制限している）と考えることができます。

　子どもが未熟な存在であるがゆえに特別な保護や援助が必要であること自体は，児童の権利に関する条約[1]（以下「条約」といいます。）の前文においても明

1）平成元年（1989年）に国連総会（文部科学省HP）で採択され，日本は平成6年（1994年）に批准しました。

記されています。しかし，子どもにはこのような特別な保護や援助が必要であるからといって，さらにはこれらを理由に子どもの権利に対するパターナリスティックな制限が許されるからといって，子どもの人生を周りの大人が勝手に決めていいということにはなりえません。

　この点に関して，条約の父ともいわれるヤヌシュ・コルチャック（Janusz Korczak）は，「子どもは今を生きているのであって，将来を生きるのではない。」と述べています（日本ユニセフ協会学校事業部「T・NET 通信 No.26」）。

　子どもは未熟な存在かもしれませんが“今”を生きる一人の人間として尊ばれる存在です（児童憲章）。

　そして，そこには一人ひとりの「声」があります。時には単なるワガママに聞こえるような場合もあるかもしれませんし，到底実現できないような無理難題を主張することもあるかもしれません。しかし，子どもには自分の意見を正当に尊重される権利が意見表明権として保障されています。後述するとおり，子どもの意見表明権は「意見の内容全てを実現してもらう権利」までをも保障するものではありませんが，他方で「自分の意見を自由に述べる権利」にとどまるものでもありません。

　子どもが「（親を含めた）周りの大人に勝手に自分の人生を決められた。」という気持ちを抱くことなく，「今」そして「これから」の人生を自分で歩くためには，子どもの意見表明権が保障されることが必要です。

❀ 2　子どもの意見表明権の法的根拠

　子どもの意見表明権について条約 12 条は以下のように規定しています。

> *1. States Parties shall assure to the child who is capable of forming his or her own views the right to express those views freely in all matters affecting the child, the views of the child being given due weight in accordance with the age and maturity of the child.*
>
> *2. For this purpose, the child shall in particular be provided the opportunity to be heard in any judicial and administrative proceedings affecting the child, either directly, or through a representative or an*

> *appropriate body, in a manner consistent with the procedural rules of national law.*

　条約については政府訳をはじめとしていくつかの翻訳がなされており，その日本語訳にも多少の揺らぎがありますが[2]，本書においては，政府訳を主に用います。ただし，必要に応じて，英文をもとにした筆者の日本語訳を用いることもあります。

条約 12 条（政府訳）

> *1　締約国は，自己の意見を形成する能力のある児童がその児童に影響を及ぼすすべての事項について自由に自己の意見を表明する権利を確保する。この場合において，児童の意見は，その児童の年齢及び成熟度に従って相応に考慮されるものとする。*
> *2　このため，児童は，特に，自己に影響を及ぼすあらゆる司法上及び行政上の手続において，国内法の手続規則に合致する方法により直接に又は代理人若しくは適当な団体を通じて聴取される機会を与えられる。*

　条約 12 条については 1 項で「意見表明権」を，2 項で「聴かれる権利」をそれぞれ規定していると整理されることもあれば，両方を含めた意味として「意見表明権」と説明されることもあります。しかし，両方の権利を合わせて「意見表明権」と表記されている場合であっても，これは同条 2 項の「聴かれる権利」より同条 1 項の「意見表明権」の方が重要であるという意味ではありません。後記本章第 2 の 2⑵（27 頁以下）で解説するとおり，両者は切っても切れない関係にあり，相互に保障し合うものです[3]。

　その上で本書では，意見表明権と傍点付きで表記した場合には，条約 12 条

2）例えば，国際教育法研究会訳（https://www.jinken-kodomo.net/japanese2/）では，
　1．締約国は，自己の見解をまとめる力のある子どもに対して，その子どもに影響を与えるすべての事柄について自由に自己の見解を表明する権利を保障する。その際，子どもの見解が，その年齢および成熟に従い，正当に重視される。
　2．この目的のため，子どもは，とくに，国内法の手続規則と一致する方法で，自己に影響を与えるいかなる司法的および行政的手続においても，直接にまたは代理人もしくは適当な団体を通じて聴聞される機会を与えられる。
　と訳されています。

１項によって保障されている狭義の意味での意見表明権を意味し，傍点を付けずに単に意見表明権と表記した場合には，同条１項の狭義の意見表明権と同条２項によって保障されている「聴かれる権利」の双方を含んだ広義の意見表明権を意味するものとします。

　また，児童福祉法２条では，子どもの年齢及び発達の程度に応じて子どもの意見が尊重されると規定されています。そして，この規定は，例外を許す「原則」ではなく，一切の例外を許さない「原理」[4]であるとともに，「すべて児童に関する法令の施行にあたつて，常に尊重されなければならない。」とされています（同法３条）。そのため，子どもの意見は，児童福祉法だけでなく，民法や少年法，学校教育法などの関係法令，そしてそれらの施行令や施行規則の適用においても尊重されなければならないこととなります。すなわち，民法や学校教育法などの個別の法令に「子どもの意見を尊重しなければならない」という条文がなくても，これらの法令の適用の際には，児童福祉法３条及び２条によって，子どもの意見が尊重されなければならないこととなります。なお，個別法令の適用だけでなく，子どもに関する施策についてはこども基本法３条３号及び４号並びに11条によって，子どもの意見を聴かれる機会の確保や子どもの意見の尊重が保障されています。

　以上が意見表明権の主な法的根拠となりますが，これらの規定によって，様々な場面において子どもの意見が正当に尊重されなければならない，すなわち子どもの意見表明権が保障されなければならないことになります。

　このように子どもの意見表明権は，子どもに関する多くの場面で大きな影響を与える重要な意義を有しています。そこで，本章では，条約12条の解釈とともに，子どもの意見表明権及び聴かれる権利の法的意義について説明したいと思います。なお，子どもの意見表明権について説明するとき，「子どもの意見表明権を保障すること」は「子どもの意見（希望）を叶えること」，「子どもの言いなりになること」であり，それは「子どもに自己責任を負わせることに

３）栄留里美『社会的養護児童のアドボカシー　意見表明権の保障を目指して』（明石書店，2015）32頁では，「意見表明権」と「聴かれる権利」を統合した別の言葉が本来的には必要であると指摘されています。
４）磯谷文明ほか編集代表『実務コンメンタール　児童福祉法・児童虐待防止法』〔橋爪幸代〕（有斐閣，2020）60頁。

つながる」としばしば誤解されることがあります。この点は「子どもの意見表明権の保障」と「子どもの最善の利益」との関係性の問題となりますので，この点についても本章の中で説明したいと思います。

第1　子どもの意見表明権

1　子どもの意見表明権の法的意義

　まず，条約12条1項の解釈です。政府訳による同項の規定を改めて確認しておきます。

> 1　締約国は，自己の意見を形成する能力のある児童がその児童に影響を及ぼすすべての事項について自由に自己の意見を表明する権利を確保する。この場合において，児童の意見は，その児童の年齢及び成熟度に従って相応に考慮されるものとする。

(1)　「意見」

ア　意義

　「意見」は，3頁脚注2のとおり国際教育法研究会訳では「見解」と訳されており，英文では「opinions」ではなく，「views」と表記されています。この点について，「opinion」は「あることについて十分考えて到達した考え」を意味し，「view」は「多少とも個人の感情や偏見などに色付けされた」意見であると解説している英和辞典もあります[5]。後記本章第3（28頁以下）のとおり，乳幼児であっても意見表明権が保障されている以上，条約12条1項における「views」についても，子どもにおいて十分考えられて整理された「意見」のみを意味するのではなく，一人ひとりの子どもの持っている「思い」，「悩み」，「希望」，「夢」，「不安」，「興味」などの一人の人間としての内面の全てを含んだ言葉であるとの解釈が適切だと考えます[6]。

5）竹林滋編集代表『新英和大辞典　第六版』（研究社，2002）1738頁。

　そうすると,「意見」(views) は, 必ずしも言葉によってまとまった形で表現されたものだけに限られるものではないことになります (図2は図1を一部抜き出したものですが, このように意見 (views) は, 綺麗な○や□だけでなく, 様々な形のものも意見として含まれます。)。

図2

イ　決定権者が把握すべき子どもの「意見」

　児童相談所業務においては, 例えば, 一時保護された子ども全員が,「何が何でも家には帰りたくない。」又は「何としても家に帰りたい。」と言えるわけではありません。特に一時保護中の子どもは1日経つと自分の考えが変わることもあります。また, 子どもは,「帰りたい気持ちはあるけれど, 帰った後は, こういう点に不安がある。」,「家に帰りたくはないけど, 一時保護所のこういうルールが嫌だ。」,「帰りたい気持ちが出てきたけど, 家では今どういう話がされているのかが気になる。」と様々な複雑な感情を口にします。

　これは, その子どもの視点で考えてみれば当然のことだろうと思います。一時保護 (特に虐待事案における一時保護) は基本的には数日前から事前に子ども本人に伝えられて行われるようなものではありません。昨夜, 親に叩かれてできた痣が消えないまま学校に登校したら, 担任の先生に事情を聴かれ, その後, 児童相談所の職員という知らない大人が来て色々と質問され, そのまま車に乗って児童相談所, そして一時保護所 (又は委託一時保護先) に行くことになります。一時保護の理由やその後も登校できるのかなどの説明はしてくれる

---

6) 桜井智恵子ほか「子どもの権利条約における意見表明権とその具体化の原則—子どもの自由を保障する視点から—」大阪市立大学生活科学部紀要第41巻131頁, 木附千晶ほか『子どもの力を伸ばす 子どもの権利条約ハンドブック』(自由国民社, 2016) 19頁参照。

でしょうが，いつになったら家に帰ることができるのか，いつ親に会えるのか
などについては明確な回答がないこともあります（後記第2章第1の2(2)ア(イ)
（59頁以下）参照）。

　そうすると，子ども自身は結局，いつ帰ることができるかも分からない，自
分が正直に痣の原因を話したことを親は怒っているかもしれない，家に帰った
らもっと叩かれるかもしれない，でももしかしたら「ごめんね」って言ってく
れるかもしれない……，そういう様々な不安や希望を抱えることになります。
そうすると，「家には帰りたくない！」（又は「家に帰りたい！」）と言い切れる
子どもが多くないということは容易に想像できるかと思います。

　そして，子どもがこのような心境のままであった場合，児童相談所において
子どもを家庭に帰すかどうかの会議（児童相談所内で子どもや家庭の支援方針を
決定する会議を「援助方針会議」と呼ぶことがあります。以下，本書ではこの名称
を用います。）を行う際，ケースワーカー（以下「CW」といいます。）や児童心
理司（以下「CP」といいます。）が子どもの意見について報告するときに子ども
の意見の結論部分だけを拾って「「帰りたい」と言っています。」，「家に帰って
も帰らなくてもどっちでもよさそうです。」，「子どもは自分の意見はないみた
いです。」とだけ報告することは不十分・不適切だということも分かるかと思
います。

　子どもから意見を聴き取る前に子どもに対してどのような説明がなされたの
か，誰が，いつ，どのような状況で子どもから意見を聴き取り，子どもの気持
ちの"揺れる"要素がどういう点にあるのか，児童相談所としては，このよう
な点や言葉として正確に表明し尽くせていない意見（views）についても適切
に共有し，評価し，その上で支援方針を決定していく必要があります。

　なお，このような子どもの"揺れる"気持ちを整理したり，子どもが自分の
意見を上手に表現できない場合には，後記本章第1の2（21頁以下）の子ども
の「意見形成支援」が重要な役割を果たすこととなります。

　ウ　子どもが「意見」を表明するために

　また，「意見」を表明（さらにはその前段階の「形成」）するにあたって，そ
の前提として，子どもにとってどのような選択肢があるのか，子どもがそのう
ちの一つを選択した場合にはどういう結果が導かれる可能性があるのか，自分

が表明した意見は誰が知ることになるのかなどについて，情報を提供される権利も保障されていなければなりません[7]。

　例えば，CW や CP が一時保護されている子どもに対して，「今はお家のことをどう思ってる？　帰りたいとか帰りたくないとか，不安とかある？」と尋ねることがあります。しかし，子どもにとっては，「今，家の環境はどうなっているのか。」，「親は自分のことを思っているのか。」などの情報が不十分なままだと自分の意見を率直に表明することができません。また，「仮に「帰りたい」と自分が言えばどうなるのか。」という点についての説明も必要です。自分が意見を言うことによって何か大きなことが決まってしまうと感じると，意見を述べること自体に責任感（自責感）を生じさせてしまいます。特に子どもは，自分に起こったことは全て自分に原因があると感じてしまうことがありますので，「あなたの選択によって全てが決まるわけではないけれど，あなたに関することだからあなたの意見が聴きたい。」といった説明が必要となります。さらに，子ども（に限りませんが）は，自分が発した言葉がどのように取り扱われるのか，誰にまで広がってしまうのかという点に，強い不安を抱いているのが通常です。「自分が正直に話すと，これは誰に伝わるのだろう。お母さんやお父さん，ほかの職員さんにも伝わるのかな。どういうふうに伝わるのかな。」との不安等が原因で，素直に意見を表明することが難しくなります。

　したがって，子どもに意見を聴く際には，事前に，このような点についても，十分な情報を提供し，また説明を行うことが重要です（当然，このような情報提供も子どもの年齢や発達に応じて，子ども自身が理解できるようになされなければなりません。この点は条約 12 条 2 項の聴かれる権利にも関連します（後記本章第 2 の 2(1)（26 頁以下）参照）。子どもの意見を聴く者は子どもが安心して意見を表明できるように環境を整える必要があり，子どもにはそのような環境を求める権利があるといえます（図 1 から，この点を抜き出したものが図 3 となり

7 ）COMMITEE ON THE RIGHTS OF THE CHILD "GENERAL COMMENT No. 12 (2009) The right of the child to be heard" (https://www.nichibenren.or.jp/library/ja/kokusai/humanrights_library/treaty/data/child_gc_12.pdf) para. 25，日本語訳として，平野裕二訳（2009）「子どもの権利委員会　一般的意見 12 号　意見を聴かれる子どもの権利」(https://www.nichibenren.or.jp/library/ja/kokusai/humanrights_library/treaty/data/child_gc_ja_12.pdf) パラグラフ 25。

ます。）。

図3

子どもの
意見

丁寧な説明

(2)　「自由に」

　「自由に」とは，不当な影響や圧力を受けることなくという意味です。

　少し難しい話になりますが，「人権」には様々な種類があり，その分類方法
も様々です。その中でも基本的な分類として挙げられるものの中に「自由権」
と「社会権」があります。自由権とは，国家から不当な干渉を受けないという
ものです。簡潔にいうと，国家は個人の権利を邪魔・妨害してはならない，と
いうイメージのものとなります。他方で，社会権は，個人が国家に一定の作為
を求める権利であり，生活保護費の受給などがこれに当たります。

　この分類に従うと，ここでいう「自由に」とは，自由権的な側面が強調され
ることとなります。不当な干渉（圧力や誘惑など）を受けずに意見表明するこ
とが保障されるということです（図1からこの点を抜き出したのが図4になりま
す。）。

9

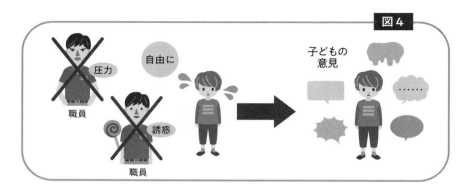

図4

また，意見表明権には「意見を表明しない権利」も保障されています[8]。そのため，子どもに対して，自身の意見を表明するよう強制することも許されません。不当な影響等を受けることなく，自分の意見を「自由に」表明することができますし，反対に，表明したくないときに無理やり表明させられることもないということになります（コラム 2（48頁）参照）。

　児童相談所業務においては，子どもの意見は CW や CP などの児童相談所職員が聴き取ることが多いと思われます。このとき，聴き取りを行う者は自身の意見や考えを押し付けることはもちろん，子どもに一定の方向の意見を述べるように誘導することも許されません。担当者個人としての方針等が決まっていたとしても，子どもに十分な情報を提供した上で（前記本章第 1 の 1(1)ウ（7 頁以下）参照），子どもに不当な影響を与えないやり取り及び環境の中で，「どうしたいか」，「どう思っているか」を自由に表明できる権利が保障されなければなりません。特に，一時保護所や施設などは，子どものこれまでの生活と比べて異質な環境です。そして，このような環境で過ごす子どもの中には発達に特性があったり，障害のある子どももいます。また，自分の意見を聴いてもらった経験がそもそもない子どもも珍しくありません。そういったことも踏まえた上で，「自由に」意見表明できる環境（場所，時間，聴き手など）で子どもからの聴き取りを行う必要があります。

　例えば，"場所"に関しては，面接室で 1 対 1 で話すことが緊張するという

8）前掲注 7）平野訳（2009）パラグラフ 16。

子どもにとっては，遊びや食事の場，さらには外で散歩しながら話を聞くということも考えられます。“時間”に関しても，子どもが話したいと思ったときに話を聴き取ることが重要ですし，そこまでできなかったとしても，聴き手の都合で一方的に開始時間や終了時間を決めるのではなく，子どもと一緒に時間を決めるような工夫を行うことが望ましいと思います。“聴き手”に関しても，例えば，「子どもの気持ちは全てCPが聴く」というように聴き手の存在を制限するのではなく，子どもが話したい時に話したいことを話せるような存在を何人（CPだけでなくCW，一時保護所児童指導員，さらには担当でない職員など）も整えておくことが望ましいと思います。また，お気に入りのぬいぐるみを持っていた方が落ち着いて話ができるという子どもであれば，そのような配慮も必要になると思います。

　聴き取りに関しては，子どもは大人の表情や仕草を本当によく観察していますし，子どもに問いかける際の語尾一つ変わるだけでも子どもの返答が変わり得ることにも留意する必要があります。必要な情報を子どもがわかるように説明した上で，オープンクエスチョンで聴き取っていく必要があります。今後についての意見表明が難しい子どもにとっては，今の生活をどう思っているのか，どうなればいいと思っているのかといったことを聴き取って，子どもの意見（希望）を具体化していくこともあると思います。また，露骨な誘導等でなかったとしても，前記本章第1の1(1)ウ（7頁以下）において説明した，子どもへの情報提供に偏りがある場合も子どもの「自由に」意見表明することを阻害してしまう場合があります。例えば，児童福祉法27条1項3号に基づく里親等委託・施設入所措置（以下「3号措置」といいます。）を行うにあたっては措置先を決める必要がありますが，措置先に関する意見を子どもから聴き取る際に，措置先Aについてはデメリットばかりを情報提供し，措置先Bについてはメリットばかりを情報提供する，という対応は，子どもの意見をBに誘導する聴き取り方であり，不適切でしょう[9]。

9）CWやCPなどの担当者としては，担当者自らが検討している方針と異なる意見が子どもから述べられることに対して不安等を抱くこともあるかもしれません。しかし，子どもの意見内容と最終的な支援方針が異なることは当然にあり得ますので（後記本章第1の1(5)ウ（19頁以下）参照），まずは子どもの自由な意見を丁寧に聴き取る（把握する）ことが重要です。

(3)　「自己の意見を形成する能力のある児童」

　意見表明権が保障される主体は，「自己の意見を形成する能力のある児童」
とされています。これは，一見すると，意見表明権の享有主体である子どもを
限定している規定として読み取ることができます。しかし，この規定はそのよ
うな意味ではなく，自分の見解をまとめることができる子どもの意見について
は，可能な限り最大限に評価しなければならないという締約国の義務を定めた
ものであり，子どもには自己の意見を表明する能力がないとあらかじめ決めつ
けるのではなく，子どもにはそのような力があると推定し，かつ自己の意見を
表明する権利があることを認めるべきであると説明されています[10]。

　そのため，乳幼児や障害のある子どもであることのみを理由に意見を形成す
る能力がないとみなして，その意見を尊重しなくてもよいと考えることは許さ
れません。意見表明権が認められる要件として年齢や知的能力などが数字とし
て明記されているわけではない以上，そして，乳幼児にも意見表明権が保障さ
れている以上（後記本章第3（28頁以下）参照），全ての子どもには意見を形成
する能力があるものと推定して，意見表明権を保障する必要があります[11]。

　この点に関して，英国の2005年意思能力法（Mental Capacity Act 2005）1
条に挙げられている五つの諸原則[12]に触れておきたいと思います。

---

　① 　能力を欠くと確定されない限り，人は能力を有すると推定されなけれ
　　ばならない。

　② 　本人の意思決定を助けるあらゆる実行可能な方法が功を奏さなかった
　　のでなければ，人は意思決定ができないとみなされてはならない。

　③ 　人は単に賢明でない判断をするという理由のみによって意思決定がで
　　きないとみなされてはならない。

　④ 　能力を欠く人のために，あるいはその人に代わって，本法の下でなさ

10）前掲注7）平野訳（2009）パラグラフ20。

11）乳幼児にも意見表明権が保障されることを国連子どもの権利委員会が明らかにしたことに
　より，「自己の意見を形成する能力のある児童」という表現に含意される制限を事実上撤廃し
　たと解釈するものとして，堀正嗣編著『イギリスの子どもアドボカシー　その政策と実践』（明
　石書店，2011）155頁参照。

12）英国医師会　英国法曹協会『英国意思能力判定の手引─MCA2005と医師・法律家・福祉関
　係者への指針─』〔新井誠監訳〕（民事法研究会，2022）31頁。

> れる行為又は意思決定は，本人の最善の利益のために行わなければならない。
>
> ⑤　当該行為又は当該意思決定が行われる前に，その目的が，本人の権利及び行動の自由に対して，より一層制約の小さい方法で達せられないかを考慮すべきである。

　上記はもちろん英国の法律の規定であるため，日本で同規定がそのまま適用されるわけではありません。また「意見を形成する能力」と「意思決定の能力」が同一なのかという解釈に疑義が生じるかもしれませんが，同条は，子どもの意見表明権について検討する際の一つのヒントになるのではないかと筆者は考えます。また，同条の考え方は，前記の「子どもには自己の意見を表明する能力がないとあらかじめ決めつけるのではなく，子どもにはそのような力があると推定」するという国連子どもの権利委員会の一般的意見の趣旨と整合するものであると考えます[13]。

　しかしながら，日本において乳幼児は（能力を欠くと確定していないにもかかわらず），必ずしもその意見表明権が十分に保障されているとはいえないのではないでしょうか。例えば，子どもが自分の今後の人生について決められる裁判手続（児福28条1項における審判手続（以下「28条審判」といいます。）や特別養子縁組手続など）においても，裁判所に子どもの意見聴取が義務付けられているのは15歳以上の子どもに限定されています（家事236条。28条審判や特別養子縁組等の裁判手続における子どもの意見表明権の保障については後記第2章第1の4(2)（72頁以下）及び同5(2)ウ（81頁以下）参照）。

　乳幼児の意見表明権は，子ども自身が不服申立て等を行うことができないこともあり，容易に侵害されやすいものです。しかし，子どもが自分の人生を歩くために必要不可欠である意見表明権は，年齢や知的能力等にかかわらず保障されなければなりません（乳幼児・障害のある子どもの意見表明権に関しては，後記本章第3（28頁以下）参照）。

---

13) 乳幼児の意見表明権に関して，英国の2005年意思能力法1条を参照に挙げるものとして大分県・大分大学権利擁護教育研究センター「令和3年度子どもの権利擁護に係る実証モデル事業報告書　子ども意見表明支援員の活動の手引き（案）」（2022）42頁。

⑷ 「その児童に影響を及ぼすすべての事項」

意見表明権が保障される対象は、「その児童に影響を及ぼすすべての事項」とされています。

児童相談所業務においては、子どもの意見を聴く場面が限定的なものとなってしまっていることもあるかもしれません。一時保護所や児童養護施設等には子どもが自分の意見を書いた紙を投函するための「意見箱」などを設置しているところもありますが、その活用は児童相談所や施設によってバラバラだと思います。また、前記本章第1の1⑵（9頁以下）でも述べたとおり、子どもには、意見を表明しやすい環境が用意されていなければなりません。そしてそれは、「家庭復帰か3号措置か」といった大きな方針決定の場面だけでなく、一時保護所や施設等での日常生活に関する事項（起床時間や就寝時間、日課といったスケジュール、一時保護所や施設等からの外出、携帯電話の使用のルールなど）も、子どもに影響を及ぼす事項として、意見表明権（及び聴かれる権利）が広く保障される必要があります（意見表明権の対象が「その児童に影響を及ぼすすべての事項」に限定されている意義については後記本章第1の1⑸イ（17頁以下）参照。また、一時保護所のルールを含めた一時保護中における子どもの意見表明権の保障については後記第2章第1の2⑵イ（62頁以下）参照）。

なお、子どもの意見表明権と聞くと、児童相談所が関わっている子どもの権利、いじめ等に苦しんでいる子どもの権利、というイメージを抱く人もいるかもしれません。しかし、そもそも意見表明権は、虐待やいじめといったいわば危機的状況に陥った子どもに対してのみ認められるものではありません。児童相談所が関わっていない子ども、毎日楽しく学校に通っている子ども、スポーツや勉強に励んでいる子ども、友だちとゲームで遊ぶのが好きな子ども、引っ込み思案で自分の想いを伝えるのが苦手な子ども、すべての子どもにいつでも認められる権利です。そのため、そのような子どもについても、「その児童に影響を及ぼすすべての事項」に関する意見表明権が広くそして十分に保障されなければなりません[14]。

---

14) 小池由佳ほか編『新・プリマーズ／保育／福祉 社会的養護［第4版］』（ミネルヴァ書房、2016）35-36頁参照。

⑸ 「正当に尊重される」（相応に考慮される）

ア　意義

　政府訳の「相応に考慮される」の部分は，英文では「*(being given) due weight*」と表記されています。直訳するとすれば，「正当な重みを与えられる」というニュアンスが近いと思います。以下では，政府訳の「相応に考慮される」ではなく「正当に尊重される」との日本語訳を用います[15]。

　「正当に尊重される」とは，子どもに影響を及ぼす事項を決定するあらゆる決定権者（親権者，児童相談所長，施設長及び裁判所など）に対して，子どもの意見の取扱い方を定めているものになります。すなわち，決定権者が子どもに関する事項を決定するにあたっては，表明された子どもの意見について正当に尊重することが要求されており，これを軽んじることは許されないことを意味しています。

　また，それと同時に，子どもの意見を過大に評価することによって子どもに自己責任を負わせるような判断をすることも許されないことも意味します（この点は後記本章第4（35頁以下）にも関連します。）。あくまで「正当に」尊重されなければなりません（図5参照。なお，子どもの年齢や発達だけでなく決定しようとしている事項によっても，子どもの意見の重みが変わりうることについてコラム1（47頁以下）参照）。

---

15) 政府訳の「相応に考慮される」との日本語訳は，英文と明らかに齟齬があるものであり不適切であると指摘するものとして安孫子健輔「子どもの権利条約12条と日本の子ども」子どもの虐待とネグレクト24巻1号8頁。

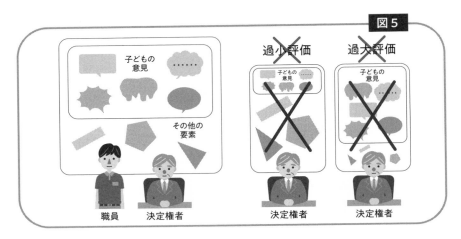

図5

過小評価 過大評価

子どもの意見

その他の要素

職員　決定権者　決定権者　決定権者

　児童相談所業務においては，一時保護を決定しようとするとき，一時保護の継続中，一時保護を解除しようとするとき，在宅における支援・指導を継続しているときなど様々な場面において，子どもに影響を及ぼす様々な事項について決定を行います。いずれの決定においても，子どもの意見が正当に尊重されなければなりません。

　なお，子どもの意見を正当に尊重するためには，そもそも，「何が」子どもの意見なのか，ということを明らかにする必要があります。すなわち，子どもは，周りの大人の顔色を窺って，大人が答えてほしいと思っている答えを，あたかも自分自身の意見として表明することがあります。そのため，実際に表明された子どもの意見が，本当に子どもが希望している意見なのかどうかの見極めも重要になってきます。そのためには，子どもがなぜそのような意見を表明したのかの理由や原因を探るとともに，いつ，どこで，誰が，どのように説明を行った上で，どのような問いかけをして，どのように子どもが発言したのか，その際の子どもの様子はどうだったのか，子どもの意見は一貫しているのか変遷しているのか，変遷している場合には変遷している理由は何と考えられるのか，といったことも共有した上で，子どもの意見が「何か」を見極めることが必要になると思います[16]。

イ　意見表明権の社会権的側面

(ア)　意義

条約 12 条 1 項後段の規定について子どもを主語にして置き換えると，子どもには自分の意見を正当に尊重するように求める権利があるということになります。前記本章第 1 の 1(2)（9 頁以下）において，権利（人権）の分類として，自由権のほかに社会権があると説明しました。社会権は国民（子ども側）から国家に対して積極的に一定の作為を求めるものです。条約 12 条 1 項前段では，自由権的な側面が強調されていましたが，同項後段では，子どもが一定の作為（自分の意見を正当に尊重すること）を求めるという，社会権的な側面が強調されることとなります。

意見表明権の特殊性はこの社会権的な側面を有することにあります。そして，これこそが，意見表明権の保障の対象が「児童に影響を及ぼすすべての事項」に限定されている理由だと考えます。

すなわち，子どもが自分の意見を自由に述べることを保障するだけで足りるのであれば，条約 13 条の表現の自由で十分です[17]。そうすると，条約 12 条 1 項の意見表明権の及ぶ事項が「その児童に影響を及ぼすすべての事項」に限定されている理由は，児童に影響を及ぼす事項について意見表明がなされた場合には，児童相談所長などの決定権者は当該意見を正当に尊重しなければならないという作為義務（応答義務）を課している，換言すれば，子どもは決定権者に対して，自分に影響を及ぼす事項に関して意見を述べた際には，自分の意見を正当に尊重するよう求める権利があるからだといえます[18]。

(イ)　子どもの意見の「重み」（due weight）

以上のように，意見表明権は自由権的側面だけでなく，社会権的側面をも有していることになります。そのため，子どもに自由に意見表明をさせないことだけでなく，表明された意見について正当に尊重しないことも子どもの意見表明権を侵害することになります。

---

16) 浦弘文「社会的養護における子どもの意見表明権～子どもが自分の人生を歩くために～」家判 42 号 13 頁参照。

17) 条約 13 条「*児童は，表現の自由についての権利を有する。この権利には，口頭，手書き若しくは印刷，芸術の形態又は自ら選択する他の方法により，国境とのかかわりなく，あらゆる種類の情報及び考えを求め，受け及び伝える自由を含む。*」（政府訳）。

　しかしながら，児童相談所の実際の現場においては，そもそも，子どもの意見についてどの程度考慮することが正当に尊重したといえるのかは難しい問題です。ましてや，それが年齢及び成熟度に従ったものでなければならないとなればなおさらです。

　例えば，一時保護されている 3 歳の子どもの「家に帰りたい。」と 15 歳の子どもの「家に帰りたい。」という意見の「重み」を，支援方針の決定権者である児童相談所長はどのように評価すればいいのでしょうか。また，児童相談所長は，子どもの意見だけでなく，それ以外の客観的な事実や心理診断や医学診断，社会診断や行動診断，さらには関係機関の意見等を踏まえて様々な判断を行います[19]。このように聞くと，上皿天秤の左右の皿に様々な分銅を載せて，最終的に左が重くなるか右が重くなるかを見極めるようなものに思えるかもしれません。しかし，そうなると，子どもの意見は，何mgの分銅として皿に載せる必要があるのでしょうか。残念ながら，子どもの意見は当然のことながら，上記各種診断や関係機関の意見等も含めてすべての要素を何mgという数値で表すことはできませんし，また，「この要素は右のお皿，この要素は左」というふうに綺麗に分けて載せられるものでもありません。

　そこで，この「正当に尊重される」という問題について，条約 12 条 1 項後段の手続的側面から考えてみたいと思います。

18）前掲注 7 ）平野訳（2009）は，「第 12 条は，締約国に対し，子どもに影響を与えるあらゆる行動および意思決定への子どもの積極的参加を容易にし，かつ表明されたこれらの意見を正当に重視する義務を履行するために必要な法的枠組みおよび機構を導入する義務を課しているのである。第 13 条に掲げられた表現の自由は，締約国によるこのような関与または反応を要求するものではない。」（パラグラフ 81），「委員会は，締約国に対し，子どもたちの意見表明を制約し，または子どもたちが意見を聴いてもらえるようにはするものの表明された意見を正当に重視しない，形式主義的アプローチを避けるよう促す。」（パラグラフ 132）と述べています。また，大西健司「子どもの意見表明権と大人の応答義務」津田塾大学紀要 51 巻 246 頁以下においても，意見表明権の保護対象が限定されている根拠は「子どもの権利行使が要求する大人の義務の観点から導くことが可能であるように思われる。」とされています。

19）児童福祉法上の様々な措置権限や申立権限は，児童相談所長と都道府県（知事）にそれぞれ分けて認められていますが（児福 27 条，28 条 1 項，33 条 1 項， 2 項など），多くは児童福祉法 32 条 1 項や地方自治法 153 条に基づいて，児童相談所長に事務委任がなされています。そのため，本書では，このような実態を踏まえて，これらは全て児童相談所長による権限行使であるとして説明します。

ウ　「正当に尊重される」ことの手続的側面の保障

　子どもの意見が正当に尊重されたかどうかという問題は，特に「子どもの意見の内容」と，「児童相談所長が決定した支援方針」とが一致しないときに顕在化します[20]。

　ここで重要なことは，子どもの意見表明権は，子どもの希望を実現させることまでをも保障するものではないということです。

　例えば，重篤な虐待を受けた子どもが一時保護され，その後も家庭環境が改善されず，現状のまま子どもが自宅に帰った場合にはさらなる重篤な虐待を受けることが見込まれる（換言すれば，自宅に帰すことが子どもの最善の利益に反することが見込まれる）事案を想定します。このとき，一時保護された子どもが「帰りたい。」と意見を表明したときに，児童相談所長が「子どもが帰りたいと言っているのだから帰しましょう。」という判断をすることは，子どもの最善の利益に反するものであり許されません。これは，単に児童相談所の職務放棄であり，子どもに対して自己責任を押し付けるものです[21]。そのため，児童相談所長は，「子どもの意見内容」と「子どもの最善の利益に資する方針内容」が異なる場合には，子どもの意見を正当に尊重した上でもなお，子どもの最善の利益に適う判断（子どもの意見内容に反した判断）をすることが求められることになります（子どもの意見表明権と子どもの最善の利益との関係については後記本章第4（35頁以下）参照）。

　しかし，「子どもの意見内容」と「児童相談所長が決定した支援方針の内容」が異なったとき，子どもにとっては，自分の意見が正当に尊重されたかのかどうか分からない状態に陥ることになります。そのため，このような場合においては，なぜ子どもの意見内容に沿う決定がなされなかったのか，援助方針会議等における方針内容の決定の判断過程において子どもの意見はどのように考慮されたのかについて，子ども自身が分かるように説明する必要があります。これは，子どもの意見表明権のうち「考慮される」の手続面を保障するものとな

20）理論上は，「子どもの意見の内容」と「児童相談所長が決定した支援方針の内容」が一致する場合であっても，子どもの意見が正当に尊重されたものかどうかが不明な状態に陥ることも考えられますが，このような場合には同様の問題は顕在化しないと思われます。

21）同趣旨の記載があるものとして，川松亮ほか編著『日本の児童相談所　子ども家庭支援の現在・過去・未来』〔浜田真樹〕（明石書店，2022）21-22頁。

ります。

この手続面の保障は「フィードバック」と表現されることがあります[22]（後記本章第2の2(1)（26頁以下）参照），実際には，子どもが理解できるように説明するだけでなく，子どもからの質問に対して真摯に回答するといった「対話」までをも行わなければならないと考えます。一方的に子どもに説明するのではなく，ほかの方法はなかったのか，折衷案はなかったのか，なぜ折衷案を採ることができなかったのかなどの子どもの疑問に一つ一つ丁寧に答え，子ども自身がその決定に納得できるかが重要になります（図1からこの点を抜き出したのが図6となります。）[23]。

このような対話を行って初めて子どもは自分の意見が正当に尊重されたことが分かります。また，児童相談所としても，このような決定後の子どもとの対話（説明責任）を念頭に置くことによって，子どもの意見を正当に尊重した上で判断することが意識づけられるようになると考えます。

さらに，このような対話を含むフィードバックは，子どもにとっては自分の希望が叶わなかったとしても児童相談所の判断について納得度が高まることにつながるものであり，そしてそれは児童相談所としてもその後の支援の実効性が高まることにつながるものであると考えます（後記第2章第1の1(2)イ（54頁以下）参照）。なお，このフィードバックは子どもの意見に沿わない一時保護

22）前掲注7）平野訳（2009）パラグラフ45，スタートアップマニュアル50頁以下参照。
23）三菱UFJリサーチ＆コンサルティング「アドボケイト（意見・意向表明支援）における研修プログラム策定及び好事例収集のための調査研究報告書」（令和5年3月）86頁では，「希望や意見は聞かれたけれど，そこから何があって施設に入ることになったのかは分かっていない。」というフィードバックされた記憶がないという社会的養護のもとで生活する子どもの声が紹介されています。

等の「処分を行った場合」だけでなく，「処分を行わなかった場合」も同様です。

🍀 2　意見形成支援

(1)　意義

　　ここまで，子どもの意見「表明」権について述べてきました。すなわち，言語的コミュニケーション又は絵カードやジェスチャーなどの非言語的コミュニケーションいずれであったとしても，自らの意見（views）を表明することの重要性やそれに対する周りの大人の義務に重きを置いて説明してきました。

　　しかし，実際には，子どもに知的障害や目立った発達特性がなかったとしても，自分の気持ちを意識化したり言語化したりするのが苦手な子どもは多くいます。どこか虫の居所が悪くイライラしているがそれを上手に説明できず，結果として破壊的な行動に出てしまったり，また涙が止まらなくなったりする子どももいます。

　　もちろん，このような言動も子どもの意見（views）として捉える必要があります。しかし，その言動の意味するところが周りの大人に伝わらないと，周りの大人は子どもの意見をどのように理解すればよいのか分からず，そして，子どもの意見について正当に尊重することもできず，結果として適切な支援ができなくなってしまいます。

　　そこで，子どもが自分の意見（views）をうまく意識化できない場合や言語化できない場合，また非言語的な方法であってもそれを大人が分かるような形に形成することができない場合には，意見"表明"の前提として意見"形成"の支援が必要となります。

(2)　方法

　　意見形成を支援するにあたっては，まずは周りの大人や支援者が，子どもが何を考え，何を想い，何を伝えようとしているのかを理解することから始まります。表面的に出てきた子どもの言動が何を意味するものなのか，不安なのか怒りなのか恐れなのか不満なのか嫉妬なのか失望なのか期待なのか希望なのか，そしてそれは何に対するものなのか，それを子どもとの対話，時には遊びを交えながら子どもとともに意味を探っていくことになります。

　このとき支援者にとっては子どもの気持ちが分からない状態ですから,「自分（支援者）はあなたの気持ちを知りたいけど, 分かっていない」という前提の下,「子ども本人から教えてもらう」という姿勢が必要になります。これは, 意見形成支援であっても意見表明支援であっても同じです。

　特に対人援助の多くの経験を積んでいる人が意見形成支援を行う場合, これまでの経験から「こういう言動をする子どもは, こういう気持ちを抱いていることが多い。」と勝手に推測しないように, 極端にいえば, そう決めつけてしまわないようにしなければなりません。対人援助者としての行動規範である「バイスティックの7原則」の「個別化の原則」（他のケースとどれほど似通っていたとしても, クライエント本人が困っている原因, 環境や成育歴等について同じクライエント・同じケースは二つと存在しないのであり, 勝手なカテゴライズやラベリングを行うことは厳に慎まなければならないという原則）に留意する必要があります。そのため, 意見形成支援（に限りませんが）を行うにあたって, 先入観等にとらわれることなく子どもの言動の原因となっている心情を子どもから教えてもらうことが肝要となります。

　また, 意見形成支援を行うにあたっては, 子どもの意見を一言でまとめたり綺麗な言葉に置き換えたりする必要はないと考えます。意見形成支援は, 子どもの意見（views）が周りの人に理解できるように形にすることを目的とする支援です。そのようにして「形成」された意見を「表明」することにつなげることになります。そこでは, 子どものアンビバレントな気持ちや, はっきりしないモヤモヤな想いも含めて正確に伝え, そして理解してもらう必要があります。そのため, 綺麗な言葉でなくても, 子どもの複雑に入り混じった率直な意見（views）であってもそれを周りの人に伝わる形まで形成できたのであれば, 形成支援としては十分です。それ以上に綺麗な形になるように強引にまとめようとすることは, かえって子どもの率直な気持ちを強引に一定の型にはめようとすることにつながり, 子どもの気持ちが正確に伝わらなくなってしまう危険性をはらんでいます（図1のうち, 意見形成支援の抜き出したのが図7です。）。

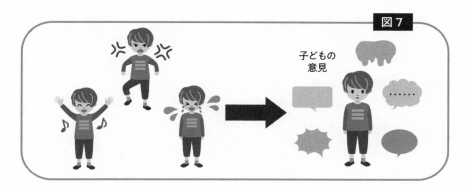

　なお，意見形成支援と意見表明支援は，きれいに区分できるものではありませんし，区分する必要性もないと考えます[24]。意見を形成することと形成された意見を表明していくことは連続性や重なりがありますし，遊びを含む様々な子どものとの関わりの中で，子ども自身が自分の意見に気付くこともあるでしょうし，それによって子ども自身が自分の意見を自ら表明することもあるかもしれません。

　結局は，子どもの意見が適切に表明され，表明された意見が正当に尊重され，そして，最終的な決定事項やその判断過程について子どもとの対話を含めて十分にフィードバックされることが重要です。専門用語の定義に拘泥する必要はないと考えます。

第2　子どもの聴かれる権利

🍀　1　子どもの聴かれる権利の法的意義

　前記本章「はじめに」（1頁）のとおり，条約12条2項はいわゆる聴かれる

24）例えば，本書では乳幼児の意見表明権（後記本章第3（28頁以下））の解説の中で，人間中心アプローチを意見表明権の保障の一態様として説明していますが，これを意見形成支援の一態様と捉えるものもあります（栄留里美ほか『アドボカシーってなに？　施設訪問アドボカシーのはじめかた』（解放出版社，2021）54頁参照）。

権利を規定したものと説明されます。「聴かれる権利」は受動的な表現となっていますが，子どもを主語に置き換えて，子どもには意見表明権の対象となっている自己に影響を及ぼすすべての事項について，自分に意見を聴くように求める権利がある，と考えることもできます。

　以下では，条約 12 条 2 項の解釈について述べたいと思います。

　改めて，政府訳による同項の規定を確認しておきます。

> 2　このため，児童は，特に，自己に影響を及ぼすあらゆる司法上及び行政上の手続において，国内法の手続規則に合致する方法により直接に又は代理人若しくは適当な団体を通じて聴取される機会を与えられる。

(1) 「あらゆる司法上及び行政上の手続において」

　児童相談所業務の中には裁判（審判）手続の申立てを行うことがあります（後記第 2 章の第 1 の 4（72 頁以下）参照）。また，親権者等から児童相談所に対して子どもの処遇などに関して裁判を提起されることもあります。このようなときに，その裁判手続の帰趨が子どもに影響を及ぼすものであるのなら，子どもには自分の意見を聴かれる機会が与えられなければなりません。

　さらに，聴かれる権利の場面はあらゆる「行政上の手続」も対象となっています。そのため，一時保護の決定や解除，児童福祉法 27 条 1 項各号に規定する措置等の行政上の処分決定時は当然のことながら，一時保護中や 3 号措置中でも，行政上の手続が継続していると考えられますので，このような状況であっても自分に影響があることについては自身の意見について聴かれる権利が保障される必要があります[25]。また一時保護や措置等（いずれもこれらの解除も含む）は行政処分であり，これらの処分に対して子どもは不服があれば審査請求を行うことができます（後記第 2 章第 1 の 2(2)ア(ｳ)（61 頁以下）参照）。このような審査請求手続においても，子どもには聴かれる権利が保障されなければなりません。

---

[25] 児童相談所運営指針第 1 章第 1 節 3（2-3 頁）では，「児童相談所におけるこどもや家族への相談援助活動の実施に当たっては，業務の全ての段階において，常にこどもの権利（生きる権利，守られる権利，育つ権利，参加する権利）が保障されているかを確認しながら遂行されることが求められている。」とされています。

(2)　「国内法の手続規則に合致する方法により」

　この規定も意見表明権の「自己の意見を形成する能力のある児童」（前記本章第1の1(3)（12頁以下））の規定と同様に，一見すると，「聴かれる権利は国内法の手続規則に合致する方法でなければ保障されない」というように，聴かれる権利の保障を制限するかのような規定に読めます。しかし，当該規定は，この基本的権利の享受を制約しまたは妨げる手続法の使用を認めたものとして解釈されるべきではなく，さらに，聴かれる権利を定めている手続規則が遵守されないときは，裁判所又は行政機関の決定は異議申立ての対象となるとされています[26]。

　そのため，裁判所においても，児童相談所等の行政機関においても，子どもの意見を聴かずに決定した場合，それは不服申立ての理由になると考えられます（家事65条，236条等参照）。

(3)　「直接に又は代理人若しくは適当な団体を通じて」

　聴かれる権利は，子どもが決定権者等に直接聴かれることだけでなく，子どもの代理人又は適当な団体（以下「代理人等」といいます。）を通じて行使することが認められています。このとき，代理人等として子どもから意見を聴取した者は，児童相談所長等の決定権者に対して，子どもに代わって子どもの意見（views）を伝えなければならないことになりますが，その際には2つの点に留意する必要があります。

　まず1つ目は，代理人等はあくまで子どもの意見を代弁する存在であって，親や児童相談所などの関係機関等の代理人ではないという点です。

　そして2つ目は，前記本章第1の1(1)（5頁以下）のとおり，「意見」とは子どもの内面に関するものについても及ぶという点です。そのため，代理人は，この点にも留意して子どもの意見（views）を正確に児童相談所長等の決定権者に対して伝える必要があります。このとき，子どもの意見を捻じ曲げて伝えられた場合はもとより，様々な複雑な想いを有する子どもの意見（views）が正確に伝えられなかった場合には，子どもの意見が正当に尊重される機会が奪われることとなるため，意見表明権が侵害されることになります（図1のう

26）前掲注7）平野訳（2009）パラグラフ 38-39。

ち，この点を抜き出したのが図 8 になります。)。

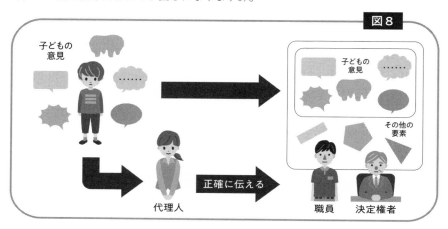

そのため，令和 4 年 6 月の児童福祉法等の一部を改正する法律（令和 4 年法律第 66 号。以下「改正児童福祉法」といいます。）によって創設された意見表明等支援事業に従事する者は，子どもの意見（views）を聴き取る能力だけでなく，聴き取った子どもの意見を児童相談所長等の決定権者に対して正確に伝える能力も同様に求められることとなります（後記第 3 章第 2 の 2(2)イ（124 頁以下）参照)[27]。

🍀 2　子どもの聴かれる権利の保障

(1)　在り方

意見を聴かれる権利が効果的に実現されるようにするためには，「準備」，「聴聞」，「子どもの力の評価」，「子どもの意見がどの程度重視されたかに関する情報（フィードバック）」並びに「苦情申立て，救済措置および是正措置」の五つの段階的措置が必要であるとされています。詳しくは，COMMITTEE ON THE RIGHTS OF THE CHILD "GENERAL COMMENT No. 12 (2009) The right of the child to be heard" 平野裕二訳「子どもの権利委員会　一般的

27）前掲注 7）平野訳（2009）パラグラフ 36 は「子どもの聴聞が代理人を通じて行なわれるときにもっとも重要なのは，代理人が，子どもの意見を意思決定担当者に正確に伝達することである。」と述べています。

意見 12 号　意見を聴かれる子どもの権利」（2009 年）（本書脚注 7 参照）のパラフラフ 41-46 において示されていますので，ここでは簡単に触れる程度にしておきたいと思います。

　「準備」とは，子どもには意見表明権及び聴かれる権利があること並びに表明された意見が判断の結果にどのような影響を及ぼすかに関して子ども本人に対して十分な情報を提供しなければならないことを意味します。「聴聞」とは子どもが意見を表明しやすい，励ましに富んだ環境を用意すること，「子どもの力の評価」とは子どもの意見は正当に重視されなければならないこと，「子どもの意見がどの程度重視されたかに関する情報（フィードバック）」とは決定者は子どもに対して意思決定のプロセスの結果を知らせ，かつ子どもの意見がどのように考慮されたかを説明しなければならないこと，そして「苦情申立て，救済措置および是正措置」とは意見表明権が侵害された場合の苦情申立手続及び救済措置を子どもたちに提供するための立法が必要である，という意味です。

　これらのうち「苦情申立て，救済措置および是正措置」については，立法的な解決が図られる必要がありますが，翻っていえば，それ以外の項目については，児童相談所長をはじめとする子どもに影響を及ぼす事項を決定する者自身の手によって保障することができるといえます。

　なお，「苦情申立て」に関して，現行法においても子どもは一時保護や 3 号措置の決定（解除等を含む）に対して，自ら審査請求を行うことができます（後記第 2 章第 1 の 2 (2)ア(ウ)（61 頁以下）参照）。

(2)　意見表明権と聴かれる権利の関係

　意見表明権と聴かれる権利の関係については，後者が前者の手段となっています。これは，条約 12 条 2 項が「*For this purpose*」から始まっている，すなわち同条 1 項の意見表明権の保障という「目的のため」と規定されていることからも明らかです。

　このように，一言で意見表明権の保障といっても，意見表明権が保障されるためには聴かれる権利が保障されていなければならないのであり，聴かれる権利が十分に保障されていない状態において意見表明権のみが保障されることはありえません（聴かれる権利が保障されていないのであれば，決定権者が子どもの

意見を正当に尊重して判断することはできないからです。）。そして，聴かれる権利を実質的に保障するためには，前記の五つの段階的措置が必要となるのです。

　また，後記第3章（108頁以下）では，改正児童福祉法によって新設された意見聴取等措置や意見表明等支援事業について説明しています。いずれも子どもの意見表明権だけでなく，聴かれる権利を保障するための制度でもあります。すなわち，意見聴取等措置は条約12条2項の聴かれる「機会」を保障したもの，意見表明等支援事業は同項の「代理人」を通じて意見聴取されることについてそれぞれ規定したものと整理できます。

第3　乳幼児・障害のある子どもの意見表明権

1　乳幼児の意見表明権

(1)　享有主体性

　乳幼児にも意見表明権があることは国連子どもの権利委員会において明確に言及されています。すなわち，「乳幼児の…（中略）…行為主体性の尊重は，しばしば見過ごされ，または年齢および未成熟さにもとづいて不適切であるとして拒絶されてきた。」，「乳幼児は，未発達であり，基礎的な理解力，意思疎通能力および選択能力さえないと見なされてきた。乳幼児は家庭において無力であり，社会においてもしばしば声を奪われ，目に見えない存在とされている。（国連子どもの権利）委員会は，（条約）第12条は年少の子どもと年長の子どもの双方に適用されるものであることを強調したい。もっとも幼い子ども（英文：the youngest children）でさえ，権利の保有者として意見を表明する資格があるのであり，その意見は「その年齢および成熟度にしたがい，正当に重視され」るべきである」と述べられています（括弧内は，筆者による補足。以下同）[28]。

　当然のことながら，乳幼児は前記本章第2（23頁以下）で説明した「聴かれる権利」も有しています。そのため，意見を言葉にすることができないからといって，乳幼児の意見を聴くことなく決定権者が当該乳幼児に関する事項を判

断することは，乳幼児（子ども）の意見表明権を侵害するものとして許されません。

(2)　実態

しかし，実態としては，乳幼児の意見表明権はこれまであまり重要視されてこなかったのではないでしょうか。それは国連子どもの権利委員会が「乳幼児は，未発達であり，基礎的な理解力，意思疎通能力および選択能力」がないと指摘するとおり，特に，乳児の場合には言葉でのやり取りがそもそも不可能であり，彼ら・彼女らの意見を聴取（把握）することが簡単ではないことも一つの要因だと思います。そもそも「乳幼児（特に乳児）の意見表明権」という概念を想定すらしていないという実態もあるかもしれません。

例えば，児童相談所長が，3号措置によって施設等に入所している子どもの家庭復帰を判断する際，「家庭復帰の適否を判断するためのチェックリスト」[29]を利用することがあります。このチェックリストは，客観的な事実経過や，子どもの状況，保護者の状況，家庭環境等について計20個の項目について評価を行い，家庭復帰の適否を判断するものです。そして，その中には子どもの現在の状況を確認する項目の1つとして子ども自身が家庭復帰を望んでいるかについて「はい」，「ややはい」，「ややいいえ」，「いいえ」及び「不明」のいずれかを選ぶことになっています。しかし，当該項目には「乳児非該当」と付記されており，乳児のケースではそもそも当該項目をチェックすることすら求められていません（「不明」のチェックですら不要となっています。）。

しかし，乳児にも意見表明権が認められていることは前述のとおりであり，子どもの意見表明権を侵害することは許されません。また，前記本章第1の1(1)（5頁以下）でも述べたとおり，「意見」とは「views」であって，言語（手話，筆談等を含む。）による意見に限られません。「思い」，「悩み」，「希望」，

---

28) COMMITTEE ON THE RIGHTS OF THE CHILD "GENERAL COMMENT No. 7 (2005) Implementing child rights in early childhood" (https://www.nichibenren.or.jp/library/ja/kokusai/humanrights_library/treaty/data/child_gc_07.pdf) para. 14，日本語訳として，平野裕二訳（2005）「子どもの権利委員会　一般的意見7号　乳幼児期における子どもの権利の実施」(https://www.nichibenren.or.jp/library/ja/kokusai/humanrights_library/treaty/data/child_gc_ja_07.pdf) パラグラフ 14。また前掲注 11）参照。

29) 平成 20 年 3 月 14 日雇児総発第 0314001 号厚生労働省雇用均等・児童家庭局総務課長「児童虐待を行った保護者に対する指導・支援の充実について」別添チェックリスト。

「夢」,「不安」,「興味」などの一人の人間としての内面のすべてを含んだものである以上,乳児のこのような内面を「意見」として捉える必要があります(国連子どもの権利委員会は,乳児は,「話し言葉または書き言葉という通常の手段で意思疎通ができるようになるはるか以前に,さまざまな方法で選択を行ない,かつ自分の気持ち(feelings),考えおよび望みを伝達している」とも述べています[30])。

　また,改正児童福祉法では一定の場面において児童相談所長等に対して子どもの意見聴取その他の措置を義務付ける「意見聴取等措置」(同法33条の3の3)や,子どもの意見表明権をより効果的に保障するための「意見表明等支援事業」(同法6条の3第17項)が新設されました。これらの措置や事業は0歳の乳児も対象となっていますので,今後は,これらの法改正を踏まえて,乳幼児の意見表明権がより一層保障されることが望まれます(後記第3章(108頁以下)参照)。

❀ 2　乳幼児からの意見聴取

　では,乳幼児の意見を聴取するためには実際にどのようにすればよいのでしょうか。乳幼児は,その年齢や発達によって,口頭で自分の気持ちを述べることができないことがあります。そこで,乳幼児に対しては,非言語的コミュニケーションによって,乳幼児の意見(views)を把握することになります。例えば,絵カード,遊び,お絵描きなどの非言語的なコミュニケーションを通じて,彼ら・彼女らの意見(views)を把握することは一定程度可能だと思います[31]。

　しかし,それらによってもどうしても意見(views)を聴取(把握)することが困難な乳児のような場合には,子どもの「意思と選好の最善の解釈(best interpretation of will and preference)」[32]に基づく非指示的アドボカシーを用いることが必要になります[33]。

---

30) 前掲注23)平野訳(2005)パラグラフ14。
31) 例えば小学1年生の子どもであったとしても,自分の意見を全て言葉で伝えることは難しいでしょう。そのため,乳幼児か否かにかかわらず,言語でのコミュニケーションがとれる子どもであったとしても,部分的に(補完的に)絵カードなどの非言語的コミュニケーションを用いるといった工夫が必要になるときもあります。

　この子どもの「意思と選好の最善の解釈」を行うためには，まず，子どもの意見を「推察」することが基本となります。これは，根拠のない単なる「想像」ではなく，子どもの生活スタイルや選好などをもとに推察する「人間中心アプローチ」を用います。もっとかみ砕いていうと，子どもと一緒に過ごす中で，子どもは何をしているときに喜び，何をしているときに悲しむのか，何をされるのが好きで何をされるのが嫌なのかを明らかにします。食事や遊びの時もそうですが，親と離れて里親や乳児院，障害児施設などで過ごす際の表情や仕草なども丁寧に観察することになります。

　例えば，一時保護中であれば，親子交流の中でどのような反応をするのかなどは，その後の支援方針を決める際の「子どもの意見」を把握するための大きな要素となります。虐待した親に抱っこされると泣き出すが，そうではない保護者が抱っこすると泣き止む，といった反応は，子どもにとっての一つの意見といえます。もちろん，虐待した親に抱っこされても喜ぶ子どももいるかもしれませんし，児童相談所職員が安全確認を行う際に子どもを抱っこすると嫌がる子どももいるかもしれません。その場合には，「子どもは親と過ごす時間が好き。」，「知らない人に抱っこされるのが嫌。」と推測される子どもの意見をまずは大人が受け止めることが必要です（その上で，子どもの意見内容と，子どもの最善の利益を第一次的に考慮した支援方針の内容が一致するかは別問題です（後記本章第4の2（39頁以下）参照）。）。

　また，一時保護から3号措置として施設や里親宅等に行くことが見込まれる場合には，候補である措置先における生活を子どもに体験してもらい，その時の反応等を酌み取ります。

32）Committee on the Rights of Persons with Disabilities "General comment No. 1 (2014) Article 12：Equal recognition before the law" (https://documents-dds-ny.un.org/doc/UNDOC/GEN/G14/031/20/PDF/G1403120.pdf?OpenElement) para21，日本語訳として，障害保健福祉研究情報システム（2014）「一般的意見第1号　第12条：法律の前における平等な承認」（https://www.dinf.ne.jp/doc/japanese/rights/rightafter/crpd_gc1_2014_article12_0519.html）パラグラフ21。

33）堀正嗣『子どもアドボケイト養成講座　子どもの声を聴き権利を守るために』（明石書店，2020）116頁では，様々なコミュニケーション方法を用いて子どもの意思を聴き取るための最大限の努力を行うべきであり，それでもどうしてもうまくいかなかった場合に，最後の手段として非指示的アドボカシーを行う，とされています。

　子どもとの関わりの中で，その子どもの好きなことや嫌いなこと，いつどの
ようなときに何をすれば喜ぶのか，又は嫌がるのか，さらには，こういうこと
を望んでいるだろうな，といった子どもの感情を自らの中に落とし込むことが
重要となります。この点に関して，子どもシェルターの第一人者である坪井節
子弁護士は，以下のように表現されています。少し長いですが，引用させてい
ただきます。

　　赤ちゃんは何もできない，何も選べない，親がすべてを決めなければな
　らないと思うことをやめることだ。この子にとって最善の道は何か，この
　子は何を求めているのか，それはこの子が一番よく知っている，この子の
　本当のニーズを理解し，その実現のためにこの子といっしょに選んでいこ
　うという意気込みをもつことだ。赤ちゃんは自分の方から言葉を用いるこ
　とこそできないが，親の声や態度を深く理解し，そしてさまざまな方法で
　表現し，コミュニケーションをとろうとしている。（中略）
　　その年齢の，その赤ちゃんにとって，自分に深くかかわりのあること
　で，自分のニーズを表明できるものが何であるか。これを注意深く見極め
　ていかなければならないのである。マニュアルがあるわけではない。子ど
　もによっても異なる。毎日のかかわりの中で，今この子には，どこまで判
　断できるのだろうか，おとなが出過ぎて，子どもにはわからないと決めつ
　けていないか。逆に子どもが適切に判断するためには，もっと助言が必要
　なのに，それをせずに子どものいいなりになっていないか。それをおとな
　と赤ちゃんの関係の中で，押したり引いたりしながら，見極めていくこと
　が必要なのである。

　※坪井節子「赤ちゃんとおとなのパートナーシップ」子どもの人権双書編
　　集委員会企画・坪井節子編『乳幼児期の子どもたち』（明石書店，2003）
　　28-29頁より引用

　また「人間中心アプローチ」を補完するために，子どもの権利の擁護を目的
とする「人権基盤アプローチ」や子どもの様々な場面を観察して，訴えたい内
容やその原因を探る「観察アプローチ」などを用いることがあります[34]。い

ずれのアプローチも，子どもの意見を聴取する大人が勝手な推測により子どもの気持ちを想像するのではなく，「子ども」を見てあたかもそこに「自分」がいると感じるかのような「間主観性」を持ってアプローチする必要があります[35]。

　以上のとおり，乳幼児の意見表明権を保障するためには，間主観性をもって子どもの意見（views）を聴き取ろうとする姿勢や資質のある大人の存在が必要不可欠となります（もっとも，これは高年齢児童の場合であっても同じだと筆者は考えます）。このようにして明らかになった「意見」について，児童相談所長をはじめとする決定権者は，年齢や発達に応じて正当に尊重することが求められるのです。

🍀 3　障害のある子どもの意見表明権

　上記は乳幼児の例ですが，障害のある子どもも条約12条の意見表明権の享有主体であることに変わりはありません。

　障害の程度にもよりますが，障害のない子どもと同様に言語でのコミュニケーションができる子どもには，子どもに負担をかけない合理的配慮の下で意見表明権を保障します。重度の知的障害を有する子どもで言語・非言語いずれにおいてもコミュニケーションをとることが困難な場合には，非指示的アドボカシーを用いて，その子どもの意見や気持ちを推測する必要があります（なお障害を有する子どもには，児童の権利に関する条約だけでなく，障害者の権利に関する条約（日本でも平成26年（2014年）に発効しています。）7条3項「自己に影響を及ぼす全ての事項について自由に自己の意見を表明する権利並びにこの権利を

34）ガイドライン案34頁以下参照。なお，ガイドライン案では，本文記載のアプローチのほかに，子どもの最善の利益の実現を目指す「最善の利益アプローチ」も記載されています。しかし，「最善の利益アプローチ」はあくまで子ども主導でなされるべき子どもの意見表明権の保障と乖離するアプローチであると考えます（前掲注33）堀115頁参照。また両者の関係性については，後記本章第4の2（39頁以下）参照。
35）前掲注28）平野訳（2005）パラグラフ14(C)では，「おとなが子ども中心の態度をとり，乳幼児の声に耳を傾けるとともに，その尊厳および個人としての視点を尊重することが必要とされる。」とされています。また，間主観的心的状態にない大人は乳幼児自身の価値を認識する媒介者にはなれないと説明するものとして，太田いく子「乳幼児が「権利をもつ」とはどういうことか――乳幼児と親・養育者の間主観的関係にもとづく「児童の権利条約」3条1項および12条1項の再検討――」広島法学29巻2号55頁参照。

実現するための障害及び年齢に適した支援を提供される権利を有する」も適用されます[36])。例えば，嫌なことがあると爪を嚙む，金切り声を上げるといった意思表示ができる子どもであれば，それを基に子どもの意見を把握（解釈）することになります[37]。

　そうして聴き取った意見又は推察した子どもの意見を，年齢や発達に応じて，正当に尊重することが求められることになります（（言語的又は非言語的コミュニケーションによって）「聴取した子どもの意見」と（非言語的コミュニケーションによっても聴き取りが難しいがために非指示的アドボカシーによって）「推察した子どもの意見」はいずれも，「子どもの意見」という条約12条の問題であると筆者は整理しています。）。

✤ 4　保障のための留意点

　乳児や重度の知的障害のある子どもなどの非言語的コミュニケーションを用いても意見を把握することができない，すなわち非指示的アドボカシーによって「意思と選好の最善の解釈」を行う場合，気を付けなければならない点があります。それは，推測された子どもの意見が，子ども本人の意見となっているか，すなわち，聴取者（支援者）の意見となっていないか慎重に見極めなければならないということです。大人が代わりに意見表明するのではなく，あくまで本人の意見が表明されなければなりません[38]。

　「子どもの意見内容」と「子どもの最善の利益に適う支援方針の内容」が異なりうることを念頭に（「子どもの意見内容」と「聴取者（支援者）がその段階で考えている支援方針」が異なることも当然ありうるという理解の下で（後記本章第4の2（39頁以下）参照）），まずは子どもの意見は何か，という点を明らかに

36）前掲注7）平野訳（2009）パラグラフ21では，「たとえば障害のある子どもは，自己の意見の表明を容易にするうえで必要ないかなるコミュニケーション形態も用意されるべきであるし，それを使えるようにされるべきである。」とされています。

37）言語やシンボルによるコミュニケーションを行うことができない重度の身体及び知的障害のある子どもの意見表明に関して，「行動や表情等を観察して，その背後にある彼の願いや気持ちを推測しなければならない」と説明するものとして前掲注11）堀編著152-153頁参照。

38）前掲注32）障害保健福祉研究情報システム（2014）パラグラフ17では，障害のある人の権利，意思及び選好を尊重するのであって，決して代理人による意思決定を行うことがあってはならないとされています。

することに専念する必要があります。

 第4 **子どもの意見表明権と子どもの最善の利益**

　ここまで，子どもの意見表明権について筆者の考えを述べてきましたが，以下では，矛盾・対立する可能性があると指摘されることもある，子どもの意見表明権と子どもの最善の利益について説明したいと思います。

🍀 1　子どもの最善の利益とは

⑴　意義

　児童相談所における援助方針会議だけでなく，離婚の裁判手続において子どもの親権者を父母のいずれにするのか，子どもと非監護親との面会交流をどのように実施するのかなどを検討する際にも，子どもの最善の利益という言葉を聞くことがあります。しかし，いったい何が「子どもの最善の利益」に適うのかという評価は極めて難しい問題です。使いようによっては玉虫色になる「子どもの最善の利益」という言葉を都合のいいように使っていないか，筆者も含めて振り返る必要があります（実は，これは「子どもの意見の尊重」という言葉でも同様の場面を見かけることがあります。担当者や決定権者の判断と子どもの意見が異なれば「子どもの最善の利益」という言葉を振りかざし，担当者や決定権者の判断と子どもの意見が同じであれば「子どもの意見の尊重」という言葉を振りかざす，という具合です。）。

　この課題を解決する方法としては，やはり「子どもの最善の利益」とはどういう意味なのかを考える必要があります。「子どもの最善の利益」は，条約3条1項に以下のとおり規定されています。

> *In all actions concerning children, whether undertaken by public or private social welfare institutions, courts of law, administrative authorities or legislative bodies, the best interests of the child shall be a primary consideration.*

（政府訳）

> 児童に関するすべての措置をとるに当たっては，公的若しくは私的な社会福祉施設，裁判所，行政当局又は立法機関のいずれによって行われるものであっても，児童の最善の利益が主として考慮されるものとする。

「主として」は英文では「*primary*」とされています。「第一次的」，「主要なもの」などの意味であり，他の要素と並列して考慮されるものではないということになります。例えば，児童相談所業務においては，一つの決定に際して，子どもの意見だけではなく子どもの状況や家庭環境，さらには関係機関や保護者の意見，これらの者との関係性など様々な事情を考慮することになります。しかし，それらの様々な要素があったとしても，児童相談所長が判断する際に第一次的に優先して考慮されるべきものは「子どもの最善の利益」でなければなりません（図9参照）。これは条約だけでなく，児童福祉法2条1項及び3条に一切の例外を許さない「原理」としても規定されています（以下「子どもの最善の利益原理」といいます。）。

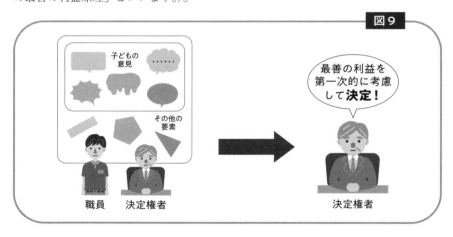

図9

(2)　性質

国連子どもの権利委員会は，「子どもの最善の利益」の性質について以下のとおり述べています。

まず，「子どもの最善の利益」とは三層にわたるものであることが強調され

ています。三層とは，①「実体的権利」（争点となっている問題について決定を
行うために様々な利益が考慮される際，自己の最善の利益を評価され，かつ第一次
的に考慮される子どもの権利であり，これは直接適用が可能なものであって，裁判
手続で援用できるものであること），②「基本的な法的解釈原理」（法律の規定に
複数の解釈の余地がある場合，子どもの最善の利益に最も効果的に適う解釈が選択
される必要があること）及び③「手続規則」（子どもに関する決定が行われるとき
は，その意思決定プロセスにおいて当該決定よって子ども本人に及ぼす可能性のあ
る影響についての評価が必ず含まれていなければならないこと。そして，当該決定
が正当であるという理由を説明するときにおいて，何が子どもの最善の利益に適う
と判断したのかが示されなければならないこと）の三層です[39]。児童相談所業務
においては，特に①「実体的権利」及び②「基本的な法的解釈原理」の意味で
「子どもの最善の利益」というワードが用いられますが，意見表明権との関係
では，③「手続規則」も大きく関係するものとなります。

　なお，先ほど，「子どもの意見の尊重」も決定権者が自らの判断を正当化す
る理由として用いられることがあると述べました。しかし，以上を踏まえる
と，「子どもの意見」のみに依拠して判断することは許されないことが分かる
と思います。子どもの最善の利益原理（特に①「実体的権利」及び②「基本的な
法的解釈原理」）により，決定権者が決定を行う際に第一次的に考えなければな
らないのは「子どもの最善の利益」であって，「子どもの意見の尊重」ではな
いからです。子どもの意見の内容どおりに判断しさえすればよいと考えること
は，子どもに自己責任を押し付けるものであって，児童相談所の職務放棄を意
味するものであることは前記本章第1の1(5)ウ（19頁以下）のとおりです。あ
くまで，児童相談所長をはじめとする決定権者が決定すべきものは，「子ども
の最善の利益」に適う決定でなければなりません。

---

39) Committee on the Rights of the Child "General comment No. 14 (2013) on the right of
the child to have his or her best interests taken as a primary consideration (art. 3, para. 1)"
(https://www.nichibenren.or.jp/library/ja/kokusai/humanrights_library/treaty/data/child_
gc_14.pdf) para. 6, 日本語訳として，平野裕二（2013）「子どもの権利委員会・一般的意見
14号　自己の最善の利益を第一次的に考慮される子どもの権利（第3条第1項）」(https://
www.nichibenren.or.jp/library/ja/kokusai/humanrights_library/treaty/data/child_gc_ja_14.
pdf) パラグラフ6。

　しかし，以下に述べるとおり「子どもの意見」は，「子どもの最善の利益」の考慮要素の一つであることに注意しなければなりませんし，子どもの最善の利益を第一次的に考慮して判断するためには，子どもの意見表明権が保障されていなければなりません。

⑶　子どもの最善の利益の確定

　「子どもの最善の利益」という概念は曖昧なものです。児童相談所業務において「子どもの最善の利益」を第一次的に考慮しなければならないとはいうものの，どのようにその内容を確定すればよいのかは簡単ではありません。

　この点，国連子どもの権利委員会は，子どもの最善の利益を評価する際に考慮されるべき要素として①子どもの意見，②子どものアイデンティティ，③家庭環境の保全及び関係の維持，④子どものケア，保護及び安全，⑤脆弱な状況，⑥健康に対する子どもの権利，及び⑦教育に対する子どもの権利を挙げています[40]。これらの各要素の重みは他の要素次第で変化しますし，子どもによって，また同じ子どもであっても場面によって，その要素の重みは変わってきます。これは，「子どもの最善の利益」の概念は動的な概念であり常に変化するものであること，「子どもの最善の利益」の内容は個別事案ごとに判断されなければならないものであること，柔軟性及び適応性を有するものであること並びに子どもが異なればその内容が異なるのと同じように同一の子どもであっても置かれている状況やニーズ等に応じて常に変化を伴うものである，とされていることからも明らかです[41]。

　そのため，結局は，上記の要素にどの程度重みを持たせるのかは，ケースによって異なりうるものですが，1番目に「子どもの意思」が挙げられていることには一定の意味があると考えられます[42]。

　そして，これは，まさに子どもの意見表明権と子どもの最善の利益原理との関係についての問題でもあります。

---

40)　前掲注 39) 平野訳（2013）パラグラフ 53-79。
41)　前掲注 39) 平野訳（2013）パラグラフ 32，80。
42)　国連子どもの権利委員会が子どもの最善の利益の要素として列挙している記載順序に鑑みれば，七つの要素のうち「子どもの意見」を最も重要視しているとみるのが自然であると説明するものとして，小野善郎・藥師寺真『児童虐待対応と「子どもの意見表明権」─一時保護所での子どもの人権を保障する取り組み』（明石書店，2019）150 頁。

🍀 2　子どもの意見表明権と子どもの最善の利益との関係

⑴　子どもの意見表明権の保障なしに子どもの最善の利益なし

　国連子どもの権利委員会は，子どもの意見表明権と子どもの最善の利益の関係性について以下のとおり述べています。

---

43. 子どもの最善の利益の評価には，子どもに影響を与えるすべての事柄について自由に自己の意見を表明し，かつ表明された意見を正当に重視される子どもの権利の尊重が含まれなければならない。このことは，やはり第3条第1項と第12条との切っても切れない関係を強調した委員会の一般的意見12号でもはっきりと述べられている。これら2つの条項は補完的な役割を有しており，前者が子どもの最善の利益の実現を目指す一方で，後者は，子どもに影響を与えるすべての事柄（子どもの最善の利益の評価を含む）において子ども（たち）の意見を聴きかつ子ども（たち）を包摂するための方法論を提供している。第12条の要素が満たされなければ，第3条の正しい適用はありえない。同様に，第3条第1項は，自分たちの生活に影響を与えるすべての決定における子どもたちの必要不可欠な役割を促進することにより，第12条の機能性を強化している。

　平野裕二訳（2013）「子どもの権利委員会・一般的意見14号　自己の最善の利益を第一次的に考慮される子どもの権利（第3条第1項）」パラグラフ43より引用

　このように国連子どもの権利委員会では，両者は補完的な役割を有しており，子どもの意見表明権を保障することなしに子どもの最善の利益原理を徹底できることはありえないとされています。

　「子どもの意見」は「子どもの最善の利益」の内容を確定する一つの重要な要素である以上，「子どもの最善の利益」の内容を確定するためには「子どもの意見」を確認しなければなりません。そして，「子どもの意見」を確認するためには子どもの意見表明権が保障されなければなりません。そういう意味で

「第12条の要素が満たされなければ，第3条の正しい適用はありえない」という関係に立ちます（図10参照）。

図10

このような考え方に対して，「子どもの意見」と「子どもの最善の利益」の内容が異なる場合もある以上，「子どもの意見表明権の保障」と「子どもの最善の利益原理」は対立しうると説明されることがあります。すなわち，「子どもの意見表明権」が子どもの想いや希望・不安といった"主観"を出発点とするものであるのに対して，「子どもの最善の利益原理」では，子どもの意見を考慮要素の一つとするとしても，決定権者は他の考慮要素も含めて"客観"的に判断するものであるため，「子どもの意見表明権の保障」と「子どもの最善の利益原理」との間には緊張関係が潜在するというものです[43]。

しかし，この点は，子どもの意見表明権の保障範囲及び子どもの最善の利益原理をよくよく整理することによって解消することができると考えます。

すなわち，これまで述べてきたとおり，子どもの意見表明権は，子どもが自分に関する全ての事項について自由に意見を表明すること，表明した意見がきちんと聴かれること，そして，自らの意見について決定権者による判断の際に正当に尊重されること，最終的な決定に際して子どもの意見がどのように考慮

---

43) 前掲注18）大西235頁では，国連子どもの権利委員会の補完関係は「手続論のレヴェルではなく，子どもの意思と大人の意思のどちらを「子どもの最善の利益」として構成すべきかという実体論のレヴェルで考える限り，両条の間に矛盾・対立の契機が存在することは否定し難い。」と述べられています。

されたのかについて対話を含めたフィードバックを受けること等を保障するものです。子どもの意見の内容の実現までをも保障するものではありません（前記本章第1の1(5)ウ（19頁以下）参照）[44]。

　例えば，重度の虐待を受けたことを理由に一時保護されている子どもが「家に帰りたい。」と意見表明したとします。しかし，虐待した親の態度は変わらず家庭環境の改善が見られない場合，児童相談所長は，子どもの意見内容とは反対の「家には帰せない（3号措置を行う）」という判断を行うことがあります。

　しかし，このときも「子どもの意見表明権」と「子どもの最善の利益原理」が対立しているわけではありません。子どもが「家に帰りたい。」との意見を自由に表明することが保障されており，そのような意見が丁寧に聴き取られ，表明された「家に帰りたい。」という意見が決定権者による判断の際に正当に尊重され，そして，結果的に子どもの意見内容と異なる結論となった理由を子どもとの対話を含めたフィードバックを行うことによって，子どもの意見表明権は保障されており，他方で，児童相談所長は子どもの最善の利益を第一次的に考慮して支援方針を決定しているからです（何度もいうように，子どもの意見表明権は子どもの意見の内容の実現までをも保障するものではありません。）。

　ここで筆者がいいたいことは，児童相談所職員や里親・施設職員等が子どもの声に耳を傾けようとするとき，その時点で検討している児童相談所等としての支援方針とは異なる意見が子どもから表明されるかもしれないということに必要以上の不安を抱かないでほしいということです。もちろん，児童相談所が検討しようとしている支援方針と子どもの意見の内容が一致していた方がケースワーク等もやりやすいと思います。しかし，まずはありのままの子どもの意見を受け止め，その上で，当該子どもにとって最善の利益に適う支援方針を検討することが肝要です。そして，支援方針の決定後は，子どもへのフィードバックの方法等についてスーパーバイザーなどと相談して，子どもの意見表明権を保障することが重要です。

44）この点は，前掲注18）大西235頁でも同趣旨のものとして説明されています。

イ　子どもの意見と子どもの最善の利益に適う支援方針との緊張関係

　以上のとおり，児童相談所が第一次的に考慮しなければならないのはあくま
で「子どもの最善の利益」です。そのため，子どもが「家に帰りたい。」との
意見を表明していたとしても，決定権者は子どもの意見だけでなく，子どもの
保護の必要性や家庭環境などの他の考慮要素を総合的に考慮した結果，子ども
の最善の利益に適う支援方針が（子どもを家庭復帰させることではなく）3号措
置を行うことであると判断した場合には，児童相談所長は，3号措置の決定を
行わなければなりません。このように，「子どもの最善の利益原理」により，
児童相談所長は，子どもの意見内容と異なる内容の方針決定をせざるを得ない
場合があります。

　しかし，このとき，矛盾・対立しているのは「子どもの意見の内容」と「子
どもの最善の利益に適う支援方針の内容」であって「子どもの意見表明権の保
障」と「子どもの最善の利益原理」の矛盾・対立ではありません。

　そして，この「子どもの意見の内容」と「子どもの最善の利益に適う支援方
針の内容」が緊張関係に立つ場面にこそ，児童相談所長などの決定権者は子ど
もに対して丁寧な対話を含むフィードバックが重要となると説明したのが，前
記本章第1の1(5)ウ（19頁以下）になります。

第5　児童相談所の現場における意見表明権

1　子どもの意見表明権の保障から出発する子どもの最善の利益

　ここまで理論面を中心に説明してきましたが，ここで，児童相談所の業務に
おいて，子どもの意見表明権を保障した上で，「子どもの最善の利益」という
抽象的な概念をどのように具体的な支援方針に落とし込んでいけばいいのかと
いう点について，筆者の考えを述べたいと思います。

　まず，何もない真っ白なところから子どもの最善の利益について考えるので
はなく，子どもの意見をスタート地点として考えます。子どもの意見表明権が

子どもの希望を全て叶えるものではないという点を大前提とした上で，子ども
の全ての希望を叶えつつ子どもの安全や安心，そして子どもの権利を十分に保
障できる支援方針を立てることができないかを出発点とします[45]。子どもの
意見をスタート地点とする以上，子どもの意見を正確に把握することが必要に
なるため，子どもの意見表明権が保障されていなければなりません。そして，
子どもの意見どおりの支援方針が子どもの最善の利益の観点から策定できない
場合には，それを子どもに説明することになります。その上で，子どもの希望
を一部であっても叶えることのできる支援方針を立てることができないかを検
討します。このとき，叶えることのできる希望の一部の優先順位は子どもが決
めることとなります。これを繰り返していきながら，実現可能な子どもの最善
の利益に適う支援方針を模索していきます。

　児童相談所の現場でも既にこのような手法が採られるときもあるのではない
でしょうか。例えば，家庭復帰が難しいとなったとき，里親と施設のどちらが
よいか本人の希望を聞いたり，施設に措置することが決まったとしても施設の
ルールがある生活の中で，子ども本人にとって一番ネックになるルールが何か
を聴いて具体的な措置先となる施設を探すことがあるかと思います。

　最終的に児童相談所として採用せざるを得ない支援方針（子どもの最善の利
益を第一次的に考慮した支援方針）が子どもの希望を一つも叶えられないという
内容となることもあるかもしれませんが，一つ一つの希望を聴き取り，実現が
難しいのであればそれを説明しながら，子どもと向き合って，対話の上で支援
方針を一緒に決めていくという姿勢が重要であると考えます[46]。子どもは何
を望んでいるのか，そのために子どもの最善の利益に適う支援方針策を採らな
ければならない立場の児童相談所としてどこまでできるのか，これを子どもと

45）子どもの希望を把握するためには，「三つの家」や「ミラクル・クエスチョン」などを用い
た手法が有効です（Nicki Weld ほか編著『「三つの家」を活用した子ども虐待のアセスメント
とプランニング』（明石書店，2015），菱川愛ほか編著『子ども虐待対応におけるサインズ・
オブ・セーフティ・アプローチ実践ガイド　子どもの安全（セーフティ）を家族とつくる道す
じ』（明石書店，2017）参照）。

46）前掲注18）大西237頁は，法適用者が望む法効果（法的帰結）を規定する規範から問題と
なる事実（法的に重要な事実）を規定していく演繹的判断ではなく，「子どもの主観的事実」
から子どもの「苦しみ」の実相に接近し，それを踏まえて彼（彼女）が必要とする保護を実現
しうる規範（法制度）を模索するという帰納的判断が重要性であることを指摘しています。

ともに模索していく過程が肝要であると思います。

🍀 2　児童相談所の現場における子どもの意見表明権の保障

これまでの話をまとめると，子どもの意見表明権を保障するためには，

---

① 自分に影響が及ぶすべての事項について，子どもには自分の意見（views）を聴かれる機会が保障されること（前記本章第1の1(4)（14頁以下），同第2（23頁以下）参照）

② ①の機会において意見を述べるにあたってはあらかじめ，当該事項そのものの事柄，決定権者が行う可能性のある決定の内容及びそれによって生じる子どもへの影響，選択肢，子どもが意見を表明した場合にその意見がどのように扱われるか並びに子どもの希望が叶わなかった場合に子どもはどのような不服申立てができるのか等について子どもが理解できるように説明がなされること（前記本章第1の1(1)ウ（7頁以下），同第2の2(1)（26頁以下）参照）

③ 不当な影響や誘導等がなく，自由に意見を表明できる環境及びやり取りの中で子どもは意見を表明でき，又は意見を表明しないことができること（前記本章第1の1(2)（9頁以下），同第2の2(1)（26頁以下）参照）

④ 子どもが表明した意見は，子どもの年齢や発達状況に従って，決定権者の判断の際に正当に尊重されること（前記本章第1の1(5)ア（15頁以下）参照）

⑤ 決定権者が決定を行ったとき（特に，子どもの意見に沿わない決定が行われたとき）には，決定の過程において子どもの意見がどのように尊重されたのか，どのような理由で当該決定がなされたのかについて，子どもが理解できるように対話も含めたフィードバックがなされること（前記本章第1の1(5)ウ（19頁以下），同第2の2(1)（26頁以下）参照）

の「5つの要素」が少なくとも必要です[47)]。そして，この「5つの要素」を

---

47) 前掲注16) 浦13頁参照。

充足する（子どもの意見表明権を保障する）ためには環境整備や聴き手の存在などの様々な前提条件，そして，方針決定後のフィードバック（対話）が必要であることも説明しました。さらには，子どもの意見表明権の保障とは，「子どもの意見の内容を実現させればよい。」というものではなく，また「子どもの意見を聴き取ることだけでよい。」というものでもないことも整理できたと思います。そして，「子どもの意見どおりの方針決定をしないのであれば，子どもの意見を聴かなくてもよい。」，「子どもの幸せは大人が決めるのが一番よい。」という考えが誤りであることも述べてきました。

　さらに，「子どもの最善の利益原理」は上記「5つの要素」の中には含まれていないものであり，子どもの意見表明権の保障と矛盾・対立するものではないことについても説明しました（無理やりねじ込むとすれば，「④´　決定権者が子どもに関する事項について決定する際には，子どもの最善の利益を第一次的に考慮して判断しなければならない」になるでしょうか。いずれにしても子どもの意見表明権の保障とは棲み分けができるものとなります。）。

　他方で，「いくら子どもの意見表明権が重要だといっても，児童相談所の実務（現場）ではここに書かれているもの全てにまで対応することは難しい。」，「ここまで一つ一つのケースに向き合う時間はない。」と悩む方も多いかと思います。筆者自身も児童相談所における常勤弁護士，そしてCW及びスーパーバイザーとして執務している中で，一人のCWが50件〜60件，中には100件を超えるケースに関わっているという現場も実際に目の当たりにしてきました。そういう状況において，ここまで述べてきた子どもの意見表明権の保障について一つ一つ，一人ひとりと向き合うことには相当なハードルがあるかと思います。

　この点に関して，子どもシェルターの第一人者である坪井節子弁護士は，今の児童相談所の現状と子どもの意見表明権の関係性について次のように述べています。

　　今の児童相談所は本当に疲弊していると感じます。たとえば，「カリヨンのシェルターに一時保護委託なんてしたくない」という人がいるそうです。「カリヨンには『子どもの代弁者』の弁護士がいて，『子どもがこう

言っている』と児童相談所に言ってくるから，うるさくて仕方がない」などという声が聞こえてきたりするのです。

　これは，明らかにおかしいでしょう。対応の迅速性の担保と，子どもの言い分を聞くことが，対立軸としてとらえられている。「子どもの言い分なんで聞いてられない」という意識。これが実に厄介です。「この忙しいのに，うるさく言ってこられたのでは，ほかの案件ができなくなる」「子どもの意見表明権の保障などできるか」という意識が，実は腹の底にある。これが今の児童相談所の現場かもしれません。児童福祉司さんたちの疲弊状態は何とかしなくちゃいけないですね。

※平湯真人編著『子ども福祉弁護士の仕事　恩恵的福祉観から権利的福祉
*　観へ』（現代人文社，2020）102-103 頁より引用*

　まさに，今の児童相談所の限界を端的に表しています。

　しかし，第3章で詳しく述べますが，法律が変わっていく今，少なくとも改正児童福祉法によって児童相談所長に義務付けられた「意見聴取等措置」に不備があれば，その決定には違法性を帯びる可能性があります。また，どれだけ優れた法改正がなされたとしても，子どもの「人生に直接触れる」児童相談所や施設等の職員一人ひとりが子どもの意見表明権を尊重しようとしなければ，子どもの意見表明権は保障されません。

　上記のとおり，児童相談所や施設等の現場において国レベルで対応しなければならないものも含めて多くの課題があると思いますが，関わる目の前の一人ひとりの子どもには本章で述べた権利があることを，そして，子どもの権利は実質的に保障されなければならないことを念頭に置くことが重要であると思います。

　援助方針会議などで子どもの支援方針等を検討・決定するとき，後記第3章（108頁以下）において説明する意見聴取等措置をとるときや意見表明等支援事業について検討するとき，さらには子どもと関わる全ての大人が様々な場面で議論等を行うときなどにおいて，真に子どもの意見表明権を保障した上での決定や制度構築になっているかという側面から検討する際に，本章が一つの目安

として参考になれば幸いです。

コラム 1　ハッピーセットのおもちゃのお話

　ある日曜日のお昼，3歳の長男と一緒に久しぶりにマクドナルドに行くことにしました。子どもに何を食べたいか聞くと，ハッピーセットのプラレールのおもちゃに惹かれたのか，ハッピーセットを希望しました。

　私は自分の分の月見バーガーのセットと長男の分のハッピーセットを受け取って，家に帰ろうとすると，子どもが「今おもちゃを見たい！」と言うので，「落とさないようにね。」と伝えておもちゃを渡しました。子どもが欲しかった種類のプラレールのおもちゃではなかったようでしたが，終始上機嫌な様子で家まで帰りました。

　家に帰ると，子どもはハッピーセットのハンバーガーを食べる前に先におもちゃを完成させたいとお願いしてきました。おもちゃの袋をよく見てみると，プラレールの電車にシールを貼ることができるようになっていました。3歳の長男はまだまだ手先を器用に動かせないので，見本どおりに電車にシールを貼ることができません。それを知っていた私は，シールを1枚はがし，子どもの代わりに電車に貼ろうとしました。しかし，子どもは「自分がやる!!」と言い張ります。「ちゃんと貼れないでしょ？お父さんが綺麗に貼ってあげるよ。」と言っても「自分がやる!!!」と言い張ります。

　「綺麗に貼れないのに」と思いつつ，シールをシートごと子どもに渡しました。案の定，子どもは見本どおりに電車にシールを貼ることができません。見本と違うところにシールを貼ろうとするので「そこじゃないよ。」と伝えても，子どもは私の手助けを拒絶し，黙々とシールを張り続けます。貼る場所は見本とはバラバラで上下も逆さま，斜めに貼ってしまっているのでシール同士が重なってしまっている部分もあります。

　しかし，シールを貼り終わった子どもは，完成したプラレールの電車を満足そうに動かして遊んでいました。

　その様子を見て私は思いました。

　親の私は，見本どおりに綺麗に貼られた電車こそが一番いいと（勝手

に）考えていましたが，そのおもちゃで遊ぶのは私ではありません。3歳
の子どもです。長男にとっては，父親の手によって綺麗にシールを貼られ
た電車で遊ぶのではなく，（たとえ大人からすると「不格好」と思われる
ものであったとしても）「自分の手でシールを貼った電車」で遊ぶことが
一番だったのです。

　綺麗にシールが貼られていなければならないというルールはありませ
ん。シールがぐちゃぐちゃに貼られている電車で遊ぶことによって長男に
何らかの不利益が生じるわけでもありません。

　大人が（勝手に）考えた「子どもにとってはこれが一番いい」が，実は
全然違ったということを日常生活で改めて認識させられた一場面でし
た[48]。

---

[48] わずか3歳の子どもの意見であったとしても，決定しようとしている事項によっては，
　子どもの意見が決定の際の大きなウエイトを占めることがあります。「正当に尊重される」
　程度は，単に年齢や発達によって一義的に決まるものではなく，決定しようとしている事項
　によっても変わってきます（前掲注39）平野訳（2013）パラグラフ80）。

コラム2　意見を表明しない権利

　前記第1章第1の1(2)（9頁以下）では，子どもには意見を表明しない
権利が保障されていると説明しました。

　まず，この点について国連子どもの権利委員会は，子どもには意見表明
権を行使しない権利があり，意見の表明は子どもにとっては選択であって
義務ではない，子どもたちが意思に反して意見表明を強要されることは決
してあるべきではない，と述べています[49]。

　第1章では，意見表明権とは子どもが自由に意見を表明することがで
き，その表明された意見が決定権者における判断の際に正当に尊重される
権利であり，その意見表明権を保障するために，子どもには聴かれる権利
が保障されていると説明しました（前記第1章第2の2(2)（27頁以下）

---

[49] 前掲注7）平野訳（2009）パラグラフ16及び134。

参照）。

　このように第1章では，条約12条2項で保障されているものを「聴かれる権利」と表現しましたが，実は，条約12条2項は，英文では「*the child shall in particular be provided the opportunity to be heard*」（傍点は筆者によるもの）と表記されています。すなわち，「子どもは特に聴かれる機会が与えられなければならない」とされています。（ちなみに，条約12条1項は「*the right to express those views*」（傍点は筆者によるもの）と「意見を表明する権利」とされています。）。しかし，これは決して，同条2項の権利が同条1項や他の権利よりも弱いことを意味するものではありません（国連子どもの権利委員会も，同条2項に関して「the right to be heard」と表現している部分が多くありますし，そもそも本書脚注7のタイトルは "The right of the child to be heard" です。）。

　子どもには，自分に影響を及ぼす決定がなされるときには，自分の意見を聴かれる機会が保障されなければなりませんが，当該事項について必ず意見を表明しなければならないわけではありません。表明したい事項のみを表明することもできますし，一切意見を表明しないこともできます。

　例えば，離婚の際において，親権者や面会交流の取り決めは，子どもにとっては極めて大きな影響を及ぼす事項になります。このとき，子どもには自分の意見（views）を表明する機会は必ず与えられなければなりませんが（これは家事事件手続法に規定があるからではなく，協議離婚の場合であったとしても同じです。），自分の意見を表明しない権利も保障されなければなりません。つまり「どっちと暮らしたいのか」，「どの程度会いたいのか」ということについて無理に意見を言わせられることがあってはなりません。

　そして，これは「意見」だけでなく「事実」であったとしても同じだと筆者は考えます。

　虐待事案において児童相談所（時には捜査機関）は，事実関係を明らかにするために，子どもから「何があったのか」を聴き取ることがあります。このような面接や事情聴取は，ケースワークや捜査にとっては非常に大きな意味を持つものですが，虐待の二次的被害の防止のために配慮して

行われなければならないとされています[50]。このような「配慮」は当然
行われるべきものではありますが，そもそも強制的に述べさせられない
「権利」として保障されなければならないと考えます。

　捜査機関から取調べを受ける際に黙秘権（憲 38 条 1 項，刑訴 198 条 2
項）が保障されているのと同じように，虐待被害者である子どもには，
「意見を表明しない権利」（条約 12 条）が保障されなければなりません。
「言いたくない」という子どもの気持ちを「配慮」するだけでなく，強制
的に言わせられないという「権利」が保障されなければなりません。

　なお，国連子どもの権利委員会は「子どもたちにはどの段階でも関与を
やめてよいことが知らされるべきである。」とも述べています[51]。

　子どもが言いたいことを言うことができ，言いたくないことは無理に言
わなくてもいい，しかし，聴かれる機会は保障されなければなりません。

50）児童相談所運営指針第 3 章第 3 節 5(1)ア（53 頁），犯罪被害者等基本法 19 条参照。
51）前掲注 7）平野訳（2009）パラグラフ 134(b)。

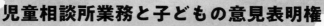

第 2 章

児童相談所業務と子どもの意見表明権
―――"実務"を中心に―――

はじめに

　児童相談所は児童虐待の通告を受ける機関の一つとして定められており（児福25条1項），虐待通告を受けた児童相談所は，子どもの安全を確保することを最優先にして対応することが基本とされています。具体的には，明確に虐待と判断できない通告の場合であったとしても，速やかに子どもの安全を確認する必要があり，原則として48時間以内に子どもを目視することによって安全確認を行うことが求められています[52]。そのため，児童相談所長には，子どもの安全確認や安全確保のために，立入調査（児童虐待防止法9条）や一時保護（児福33条）といった様々な強力な権限が付与されています。さらには，子どもを里親等に委託したり児童養護施設等に入所させる措置（3号措置）や親権停止や特別養子適格の確認等の審判申立てを行うことも認められています（児福33条の7，同法33条の6の2）[53]。

　当然，これらの権限は子どもの最善の利益を第一次的に考慮した上で行使されなければなりませんし（前記第1章第4の1（35頁以下）参照），子どもの意見表明権が保障されていない状態で子どもの最善の利益を第一次的に考慮することはできません（前記第1章第4の2(1)（39頁参照））。

　児童相談所運営指針においても，一時保護や3号措置の場合に限らず，いずれの援助を行う場合であっても子どもの意見を十分に傾聴し，「尊重する」ことが求められています[54]。

---

52) 平成22年9月30日雇児総発0930第2号厚生労働省雇用均等・児童家庭局総務課長「「虐待通告のあった児童の安全確認の手引き」について」参照。
53) 児童相談所長の権限について，前掲注19）参照。
54) 児童相談所運営指針第1章第3節5(2)（17頁）。平成29年3月31日付の改訂以前は「意向，意見を十分に聴くよう配慮する」との規定に留まっていたことに鑑みると，子どもの「意向，意見を十分に傾聴し，尊重する」との記載に改訂された意味は大きいと考えます。

　本章では，第1章での説明を踏まえた上で，児童相談所における虐待対応業務において，子どもの意見表明権を保障しつつ子どもや家庭を支援していくためにはどのような点に注意する必要があるのかについて，筆者の考えを述べたいと思います[55]。

第1　児童相談所における主な虐待対応と子どもの意見表明権

　前記のとおり虐待通告を受けた児童相談所は，原則として48時間以内に子どもの安全確認を行った上で，虐待の重症度や虐待の再発の危険性の有無，家庭の環境，子どもの意見，社会資源の有無等といった様々な要素をもとに，子どもの最善の利益に適う支援方針を立てることになります。しかし，在宅における支援・指導を行うのか，又は一時保護や3号措置を行うのかによって子どもに及ぼす影響には極めて大きな差異が生じます。また，いずれの対応を行う場合であっても，原則として子どもや保護者に当該支援を行う理由や支援方法等について十分説明し，子どもや保護者等の意見を聴いた上で基本的には合意のもとで行うこととされています[56]。

　本項では，児童相談所における主な虐待対応の概要，とりわけ子どもの意見表明権に関連するものを中心に説明するとともに，各対応における子どもの意見表明権の保障の在り方についての筆者の考えを述べたいと思います。

1　在宅支援・指導

(1)　概要

　在宅における支援・指導は，①虐待通告があったものの，一時保護を行うまでの必要性がないと判断し在宅で支援・指導を行う場合，②一時保護や3号措置が採られている期間中に保護者に支援・指導を行う場合，又は③一時保護や

---

55) 本章はあくまで子どもの意見表明権の保障という観点から述べたものであり，実際のケースワークにおいては，それに加えて，保護者や親族等の意見の尊重，とりわけ保護者と児童相談所との協働関係や家族が主体的に子どもの安全作りに参画するための取組みなどが求められます（前掲注21）川松ほか編著169頁以下参照）。
56) 児童相談所運営指針第4章第1節(1)（71頁）。

３号措置を経て子どもが家庭復帰した後で子どもや保護者に支援・指導を行う場合などに行われます。

　これらの指導は，大きく「措置によらない指導」（児福12条３項，11条１項２号ニ，10条１項３号），「措置による指導」（児福26条１項２号，27条１項２号以下「２号指導措置」といいます。）及び「訓戒，誓約措置」（児福27条１項１号）に区分され，「措置によらない指導」は，さらに助言指導，継続指導，他機関あっせんに区分されます[57]（各指導等の説明については児童相談所運営指針第４章第２節１から３（71-78頁）参照）。

(2)　在宅支援・指導における子どもの意見表明権の保障

ア　在り方

　在宅支援・指導は，子どもに対する指導であれば当然のことながら，保護者に対する指導であってもその後の子どもの生活環境や家族関係に影響を及ぼすものです。そのため，児童相談所長は，指導を行うかどうか，行うとしてどのような指導を行うかについて，子どもの意見表明権を保障した上で，子どもの最善の利益を第一次的に考慮して判断しなければなりません。

　そもそも児童相談所が，子どもが自宅で安全に安心して生活できるように保護者に対して支援・指導するにあたっては子どもが家庭での生活において不安や恐怖を抱いている点が改善されるように行われなければなりません。そのためには，子どもが家庭での生活においてどのような点に不安や恐怖を感じているのかについて子どもに意見を聴き，聴き取った子どもの意見を尊重する必要があります。そして，保護者に対してどのような指導を行うかについては，子どもの意見を正当に尊重した上で，子どもの最善の利益を第一次的に考慮して決定することになります。

　例えば，「宿題をしているときに間違えるとお父さんに叩かれる」という虐待事案を例に挙げます。このとき，これだけの事実関係の中では，家庭環境の改善・虐待の再発防止のための指導項目としては，「宿題の面倒は母がみること」や「父が子どもの宿題をみるときは叩かないこと」といった指導項目を挙げるかもしれません。しかし，よくよく子どもの話を聞いてみると，「お酒を

57）児童相談所運営指針「児童相談所が行う援助の種類」（表-4）。

飲むとよく絡んでくる。叩くまでいかなくても，嫌なことを言ってきたり，物に八つ当たりするときがある。」，「お父さんがお酒を飲んでいると，叩かれるかもしれないと怖くなる。」，「お酒を飲んでいない時は，お父さんは宿題を丁寧に教えてくれる。お酒を飲んだお父さんが怖い。」と言ったとします。このとき，「宿題の面倒は母がみること」という指導は父子関係に過度に介入するものですし，「父が子どもの宿題をみるときは叩かないこと」という指導だけでは子どもの安全や安心を守るためには不十分です。これらの子どもの意見を踏まえると，子どもの不安を除去するためには，そして，いたずらに親子（父子）関係を悪化させないためには，例えば「飲酒は子どもが寝た後にすること」や「子どもが起きている間に飲酒した場合には，宿題をしている子どもの部屋には入らないこと」などの指導内容が考えられます。

　また，子どもが「家に帰りたくない。」と訴えているものの，児童相談所としては一時保護を行う必要性がないとして在宅支援・指導を行うときは「子どもの意見の内容」と「子どもの最善の利益に適う支援方針の内容」が対立する場面になります。そのため，このような場合には対話を含めた適切なフィードバックが行われなければなりません（前記第1章第1の1(5)ウ（19頁以下）参照。なお，子どもが帰宅を拒否しているにもかかわらず，一時保護をしないという判断に関しては後記本章第2の1(1)（87頁以下。特に脚注125）参照）。

イ　ケースワーク上の意義

　指導内容の検討や一時保護の要否を判断する際に，子どもの意見を聴くことやその後の対話を含めたフィードバックを行うことは，子どもの権利保障としての観点だけでなく，ケースワーク上も重要な意義を有します。

　すなわち，前記のとおり保護者に対する指導内容に子ども自身が不安や恐怖を感じる保護者の言動が考慮されていないと，子どもは自宅で安全かつ安心に過ごすことができず，再び虐待を受け，通告がなされるかもしれませんし，反対に，過度に親子関係に介入した指導内容になってしまうかもしれません。さらに，子どもが一時保護を求めたのに対して児童相談所として一時保護をせずに在宅支援と判断した場合，適切なフィードバックがなされずに子どもに「助けを求めたのに保護してくれなかった。」という思いだけが残ると，子どもは保護を求めたことを"失敗体験"だと捉え，再度虐待等を受けたときに児童相

談所に助けを求めることを躊躇してしまうかもしれません。

　そのため，子どもが家に帰りたくないという気持ちをしっかりと受け止めつつ，そのような子どもの意見を正当に尊重した上でも，なぜ一時保護を行うという判断にならなかったのかを丁寧に説明するとともに，子どもの疑問や不安を解消し，児童相談所に対する不信感等を抱かせないようにする必要があります。

　このように，子どもの意見を聴くことは，子どもの権利の保障の観点だけではなく，ケースワーク上も大きな意義を有すると考えます。

🍀 2　一時保護

(1)　概要

　児童相談所長は，必要があると認めるときに，子どもの安全を迅速に確保するためや子どもの心身の状況，その置かれている環境その他の状況を把握するために，子どもを保護者の下から分離させ，一時保護所や適当な第三者に委託一時保護することができます（児福33条）。子どもをこれまでの生活場所から切り離し，別の場所で生活させる児童相談所長に認められた強力な権限です[58]。

ア　一時保護の決定

　前記本章第1（52頁以下）のとおり，一時保護も児童相談所による援助の一つであるため，子ども本人や保護者の同意を得て行うことが望ましいといえますが，当然のことながら，虐待事案においては子どもの安全確保が何よりも優先されなければなりません[59]。そのため，子どもの安全を確保するための一時保護は毅然と行われなければならないことはいうまでもありません。児童相談所長は，一時保護を行う必要があると判断するときは，（特に虐待事案において対応が慎重になりすぎて子どもの保護が後手に回らないよう，）子どもや保護者の同意がなくても躊躇なく一時保護を行うべきです[60]。

58）児童相談所長の権限について注19）参照。
59）子ども虐待対応の手引き8頁，令和元年6月7日子発0607第4号厚生労働省子ども家庭　局長「児童虐待防止対策におけるルールの徹底について」。
60）一時保護ガイドラインⅡ2(1)（4頁）参照。

　また，一時保護に関する司法審査の導入に関しては，平成29年の児童福祉法改正（平成29年法律第69号）により，2か月を超えて一時保護を行う際などに，引き続き一時保護を行うことが親権者等の意に反する場合には家庭裁判所の承認を得なければならないとされましたが，改正児童福祉法によって，これに加えて，一時保護開始時の司法審査が導入されました（改正児福33条3項から11項）。

イ　一時保護中の子どもの生活と支援[61]

　一時保護の間，子どもに対しては，洗面，排せつ，食事，学習，遊び等毎日の生活全体の場面における生活面のケア，運動や読書，テレビ等の娯楽も含めたレクリエーション，栄養バランスや子どもの嗜好にも配慮した食事の提供，健康管理，教育・学習支援などを行うことになります[62]。また，他害，性的問題，自傷，無断外出等を行う子どもに対しては，それぞれの課題と子どもの特性に応じた個別のケアも行います[63]。そして，このような支援を行いながら職員（主に一時保護所児童指導員や施設職員）は，一時保護所等で生活を送っている子どもについて，日常生活における基本的な生活習慣が身についているか，他の児童や職員とはどのようにしてコミュニケーションをとるかなどについて，総合的な行動観察を行います[64]。

　さらに，一時保護中の子どもに対しては，必要に応じて心理検査や発達検査等を実施します。中には，これまで知的障害の疑い等について指摘されてきたものの何らのフォローもなされていなかった子どもが，これらの検査を基に，医師によって知的障害，さらには発達障害（ASDやADHDなど）又は精神障害（PTSDや適応障害など）の診断がなされることもあります。これらは一時保護解除後の方針（家庭復帰か3号措置か，3号措置を行うとして措置先はどこが適切かなど）を決める際だけでなく，その後の支援の在り方を検討・判断するための重要な判断材料となります（実際の支援としては，診断の有無や診断名で

61）一時保護所における子どもの支援については，和田一郎編著『児童相談所一時保護所の子どもと支援 子どもへのケアから行政評価まで』〔茂木健司〕（明石書店，2016）49頁以下参照。
62）一時保護ガイドラインⅢ4（27-29頁）。
63）一時保護ガイドラインⅤ5（39-42頁）。
64）一時保護ガイドラインⅢ3（27頁）。

はなく，子どもにどのような特性があり，具体的にどのような支援が必要であるのかに着目する必要があります。）。

　また，一時保護所では，年齢や性別，一時保護された経緯もそれぞれ異なる子どもたちが集団生活を送ることになりますが，子どものケアの大前提は個別ケアであり，一人ひとりの子どもの状態や背景事情を踏まえずに，一律に集団生活のルールを押し付けることは権利侵害に当たりえます[65]。特に虐待事案においては，家庭では子どもの安全や権利が脅かされることを理由に一時保護を行っている以上，一時保護中の生活が家庭での生活よりも（不合理に）権利が制限されるようなことがあってはなりませんし，家庭で生活する他の子どもよりも丁寧な支援とケアが行われるべきだと考えます。そして，これらは，子どもに「してあげるもの」ではなく，子どもの「権利として保障されなければいけないもの」です（条約20条1項，39条。これは3号措置中の子どもも同様です（後記本章第1の3（68頁以下）参照））。

ウ　一時保護中の子どもに対する児童相談所長の権限

　一時保護中の子どもに対して様々なケアや支援を行う児童相談所ですが，これらの支援等を実施するために，児童相談所長には様々な権限が認められています。すなわち子どもに親権者等がいる場合であっても，児童相談所長は監護及び懲戒に関して子どもの福祉のため必要な措置を採ることができます（児福33条の2第2項）。そして，この権限は親権のうちの身上監護に関わる範囲一般に広く及ぶものであるとされています[66]。一時保護中の日常生活に関する事項だけでなく保護者や親族等との面会に関しても児童相談所長が決定できる権限は，この監護等の措置が根拠となります[67]。

　しかし，この監護等の措置は「その児童の福祉のため必要な」場合に行うことができるという限界があります。特に，保護者との交流を制限することができるのは，子どもが親と交流することが子どもの最善の利益に反する具体的な事情がある場合に限られています（条約9条3項）。児童相談所が虐待事案と考

65）一時保護ガイドラインV 3(1)（35-36頁）。
66）前掲注4）磯谷ほか編集代表405，552頁〔藤田香織・横田光平〕。
67）日常生活の範囲内に関して，日本弁護士連合会子どもの権利委員会編『子どもの虐待防止・法的実務マニュアル【第7版】』（明石書店，2021）163頁，保護者等との面会に関して岩佐嘉彦「児童虐待の法的実務」法律時報94巻11号59頁参照。

えているのに対して保護者が虐待を認めていない状況であっても，28 条審判係属中であっても，原則として，親子交流は認められなければなりません[68]。他方で親子交流が子どもの最善の利益に反する具体的な事情がある場合には，児童相談所長は親子交流を制限することができます。このとき保護者が制限について任意に協力する限りは行政指導に基づいてこれを行うことができますが，保護者が不協力を表明した場合には，（原則として）指導を継続することは許されず，児童虐待防止法 12 条 1 項に基づく行政処分を行う必要があります[69]。

エ　一時保護の解除

　一時保護中の子どものケア，アセスメント，保護者への指導や家庭環境の調整及び必要に応じた新たな社会資源の発掘や他機関との連携等を経て，一時保護が解除されます。一時保護の解除後，自宅に帰る子どもや親族宅に行く子どももいれば，3 号措置が採られて里親宅や施設で生活することになる子どももいますし，自立援助ホームへの入所を含む自立の道を歩む子どももいます。

　一時保護の解除後の子どもの生活場所等については，当然のことながら，子どもの意見を含む様々な要素を考慮した上で子どもの最善の利益に適う方針決定がなされなければなりません[70]。

(2)　一時保護における子どもの意見表明権の保障

ア　一時保護決定時における子どもの意見表明権の保障

(ア)　子どもにとっての一時保護

　一時保護は，これまでの日常生活から子どもを切り離すものです。親や友だちと会うことや，遊びに行くこともこれまでと同じというわけにはいきません。一時保護先によっては，学校に行くことも制限されるかもしれませんし，スマートフォン等も自由に使えなくなるかもしれません。そして，それは，数日前から事前に子どもに伝えられた上で行われるようなものではなく，多くの

---

68)　久保健二『3 訂児童相談所における子ども虐待事案への法的対応—常勤弁護士の視点から』（日本加除出版，2022）179 頁。

69)　東京高判令和 3 年 12 月 16 日判自 487 号 64 頁。また，強制的に親子の面会制限を実現するためには，児童虐待防止法 12 条によらなければならないと判示するものとして大阪地判令和 4 年 3 月 24 日裁判所ウェブサイト参照。

70)　子ども虐待対応の手引き 133 頁以下参照。

場合は，突然，児童相談所の職員という知らない人に事情を聴かれ，知らない場所に行き，知らない人と一緒に生活をするということになります。

　このような生活を送る数日，数週間，場合によっては数か月間にも及ぶ日々が子どもの人生そのものであり，一時保護解除後の子どもの人生に大きな影響を与えることにもなります。

　このように一時保護は子どもに極めて大きな影響を及ぼす事項であるため，子どもにはそれに応じた十分な意見表明権の保障が必要となります。そのため条約は，父母からの分離手続に関して，特に子どもの手続への参加及び自己の意見を述べる機会を保障しています（条約９条２項，１項）。

　(イ)　一時保護の決定に際しての意見表明権の保障の在り方

　一時保護ガイドラインでは，一時保護を行う際には，子どもに一時保護の理由，目的，予定されるおおむねの期間，一時保護期間中の生活，一時保護中の児童相談所長の権限等について説明することとされています[71]。しかし，そもそも子どもにとって児童相談所職員は「知らない大人」です。そのため，まずは，児童相談所とはどういうところで，その職員がなぜ自分のところに来て話を聴こうとしているのかについて先に説明すべきです。その際には，子どもの意見はどう扱われるのかについても丁寧な説明が必要です。

　その上で，子どもに対して，子どもに極めて大きな影響を及ぼす一時保護を行おうとしている理由や目的，そもそも一時保護とは何か，一時保護をされた場合に自分はどうなるのか（親に会えるのか，学校に行けるのか，スマートフォンは使えるのかなど子どもにとっての関心事項），さらには，見込まれる一時保護の期間などについて子ども本人が理解できるように説明する必要があります（前記第１章第１の１(1)ウ（７頁以下）参照）。当然，児童相談所としては，この段階では具体的な支援方針等も決まっていないことが通常ですので，一時保護の期間などを明確に説明することは難しいと思います。しかし，それでも，なぜ一時保護されようとしているのか，どの点がどのように改善されれば家に帰ることができるのかといった一時保護の目的や理由を可能な限り丁寧に説明することが重要です。子どもが不安を抱くのは，知らない場所に行くからだけで

71）一時保護ガイドラインⅡ5(1)（12頁）。

はなく，今後の見通しが分からないという点も大きいと思います。

　さらには，一時保護中の子どもの権利，一時保護中の生活のルールに子どもが不満を持った場合には誰がどのように話を聞いてくれるのか，どのような場合にルールは改善されるのかなどについても説明する必要があります。子どもの年齢や発達によって説明する内容や説明方法も変わってきますので，年齢や発達に応じた説明用の冊子を何種類か用意しておくことも有益です[72]。

　そして，これらの説明を行った上で，誘導等をするのではなく，子どもが自由に意見を表明できるよう，不当な影響を与えないやり取り及び環境の中で一時保護についての意見を聴く必要があります（前記第1章第1の1(1)ウ及び(2)（7頁以下）参照）。このような手続が，まさに改正児童福祉法により新設された意見聴取等措置となります（後記第3章第1（109頁以下）参照）[73]。

　このようにして聴き取った意見を正当に尊重した上で，児童相談所長は子どもの最善の利益を第一次的に考慮して，一時保護を行うか否か（さらには一時保護か委託一時保護か）の決定を行うことになります。一時保護の決定をした後に子どもに対して一時保護に関する説明を行うのではなく，あくまで，子どもの意見聴取をした上で一時保護を行うかどうかの決定を行うことが原則です（子どもの意見表明権が保障されていない状態で，子どもの最善の利益を第一次的に考慮して判断することは不可能であることについて前記第1章第4の2（39頁以下），意見聴取等措置をとる時期について後記第3章第1の3（113頁以下）参照）。

　そして，子どもが「家に帰りたい（一時保護は嫌だ）。」という意見を表明したとしてもなお一時保護を行うと判断した場合には，なぜ一時保護を行うこととなったのかについて対話を含めた丁寧なフィードバックが行われなければなりません（前記第1章第1の1(5)ウ（19頁以下）参照）。一時保護に反発する保護者等に対しては，一時保護となった理由，一時保護中の子どもの生活や親子

72）一時保護ガイドラインII 3(1)（7頁），III 2（27頁）参照。
73）意見聴取等措置が適用されるのは改正児童福祉法の施行日（令和6年4月1日）以降ですが，子どもの意見表明権は今回の法改正を待たずに本来的に保障されなければならないものであるため，施行前よりこのような対応をすべきです（前掲注68）久保288頁参照。また，全国の児童相談所において，一時保護の決定時などで，子どもの意見聴取の手続を設けている児童相談所は8割程度とされていますが，聴き取った子どもの意向等を考慮・反映する手続を設けている児童相談所は5～6割程度にとどまっています（スタートアップマニュアル案7頁）。

交流等について丁寧に説明を行うと思います。そのようにして行われる保護者に対する丁寧な説明を，子どもに対しても行われるべきです。

　そもそも，子どもの安全が確保されれば一時保護としての目的が達成されるわけではありません。「一時保護を行う場所が福祉的支援と初めて会う場」（一時保護ガイドラインⅡ2（4頁））である場合もあること，一時保護が前記のとおり突然行われてこれまでの生活の場と切り離された環境で生活することになること及び一時保護される子どもの多くはこれまで様々な逆境体験をしてきたことなどに十分留意した上で，一時保護は，子どもが安全かつ安心に，そして権利が保障された上で生活できる期間でなければなりません[74]。

　　(ウ)　一時保護の決定に対する不服申立て

　子どもの意見表明権そのものの問題ではありませんが，一時保護決定時の子どもに対するフィードバックに絡んで，一時保護に対する子ども本人による不服申立て（審査請求）についても説明しておきたいと思います。

　一時保護ガイドラインでは，子どもが一時保護に対して不服申立てを行いたい旨の申出があった場合には，不服申立ての方法等について教示しなければならないとされています[75]。しかし，仮に子どもが「家に帰りたいと言ったのに，今日初めて会った大人が勝手に判断して一時保護所に連れてこられた。」との思いを抱いている場合，そもそもそのような子どもには児童相談所の決定に対して不服申立てをするという発想がないと考えられます。また，一時保護ガイドラインでは，子どもは「利害関係人」と位置付けられていますが，生活場所の変更を余儀なくされ，様々な権利を制限される子どもは一時保護の「当事者」であって「利害関係人」にとどまるはずがありません[76]。

　そのため，子どもから不服申立てを行いたいとの申出がなかったとしても，一時保護の決定を行ったときには，子どもも一時保護の当事者として，行政不

74）前記第1章第1の1(1)ウ（7頁以下）のとおり，子どもは，自分に起こったことは全て自分に原因があると感じてしまうことがあります。そのため，虐待によって一時保護された子どもの中には「自分が悪い子だから叩かれた。」と思っている子どももいます。そのため，このような誤った認知の子どもに対しては，この点についての丁寧な説明が必要になります。

75）一時保護ガイドラインⅡ2(1)（4-5頁）。

76）前掲注4）磯谷ほか編集代表 394-395頁〔藤田香織・横田光平，前掲注67）日本弁護士連合会子どもの権利員会編 378頁参照。

服審査法 82 条に基づく教示が行われるべきです[77]。

イ　一時保護中における子どもの意見表明権の保障

(ア)　一時保護所のルールに関する子どもの意見表明権の保障の在り方

　一時保護所は，多くの子どもにとっては初めて来る場所であり，虐待を受けていた子どもにとっては虐待される環境から離れることによって安全に過ごせる場所のはずです。年齢も入所経緯も様々な子どもが集団生活をする場所ではありますが，一時保護所における子どものケアは，個別ケアが大前提であり，一人ひとりの子どもの状態や背景事情を踏まえた対応が求められます[78]。

　しかし，現実的には完全な個別対応は難しいことも多く，一時保護所として一定のルールが定められています。このような一時保護所のルールは，基本的には子ども自身を守るため，入所中の他の子どもを守るため，一時保護所としての機能を維持するためなどの理由によって定められていますが，突然一時保護された子どもにとっては窮屈だと感じることも少なくありません。一時保護当初は「家に帰りたくない。」と言っていた子どもであっても，一時保護の期間が経過していく中で「一時保護所は窮屈だから家に帰りたい。家の方がマシ。」と訴える子どももいます。

　そもそも，このような一時保護所のルールや一時保護中の処遇も，その場で生活する子どもに影響を及ぼす事項に該当する以上，一時保護所のルールに対する子どもの意見も正当に尊重されなければなりません[79]。子どもの意見を「子どものわがまま」と捉えたり，「無理なものは無理」と一蹴するのではなく，子どもの生活に直結する事項であると捉え，その意見を正当に尊重し，子どもの最善の利益に反する内容となっていないか，すなわち過度に子どもの権利を制限していないかを検討する必要があります。

　この検討の際には，一時保護所のルール（子どもの権利の制限）の目的自体そのものに合理性があるか，制限する手段が合理的かどうかといった観点が重

---

77)　根ケ山裕子編著『子ども虐待対応法的実務ガイドブック』（日本加除出版，2020）105-106
　　頁，141-142 頁参照。なお，これは一時保護の決定だけでなく，3 号措置の決定や解除など
　　についても同様です。
78)　一時保護ガイドラインⅤ 3(1)（35 頁）参照。
79)　一時保護中における処遇に関する子どもの意見は，新設された意見表明等支援事業の対象
　　になると考えられます（後記第 3 章第 2 の 2(1)（123 頁以下）参照）。

要となります。その結果，制限の目的そのものに合理性がない場合や，制限の目的自体には合理性があったとしても，その目的を達成するための制限が過度なものであるような場合には，ルールを改善する必要があります。そして，一時保護所として合理的な制限であることを子どもにきちんと説明できないようなルールは改善されるべきだと考えます。

　また，一時保護所で過ごす子どもの中には明確に「このルールが納得できない。」との意見を言えずに，急に閉じこもったり，破壊的な活動に及んだり，泣き出したりする子どももいると思います。そういう子どもに対しては，子どもの意見（views）が大人にも分かるような形にするための意見形成支援が必要になります（前記第1章第1の2（21頁以下）参照）。

　なお，一時保護所の現場においては，児童指導員等の人手不足などが原因で個別的なケアを徹底することができず，一時保護所におけるルールも管理的側面が強くなるという実態があるかもしれません。本来であれば，そのような“大人の事情”で子どもの権利を不当に制限することが適切だとはいえませんが，この点は，個々の一時保護所による取組み等では限界があると感じるのも事実です（前記第1章第5の2（44頁以下）参照）。

　(イ)　子どものエンパワメント

　一時保護中の子どもに対しては，子どもの生活等に関する今後の方針に子どもが主体的に参画し，自己決定していくことができるよう支援を行うことが求められています[80]。しかし，虐待を受けた子どもの中には，自分の意見を聴かれた経験がない又は乏しい子どもも少なくありません。そのため，一時保護所でのイベントやルールそのものといった（子どもにとっては）大きなことについて意見を聴く機会を設けたとしても，それらに対して意見を表明することに躊躇する子どももいるかもしれません。

　そのため一時保護中の子どもに対しては，大人にとっては些細なことと感じるようなこと（一時保護所内での自由時間で何をするか，サラダにかけるドレッシングを何にするか，食事の際はどの位置に座るか，何色のコップを使うかなど）であっても，自分の意見を述べるという機会を積極的に設けていくことが望まし

80）一時保護ガイドラインⅡ2（3頁以下）。

いと考えます。また，例えば，自宅で使っていたシャンプーや歯磨き粉などについて質問し，それと同じものを一時保護所でも使えるようにすることは，子どもの意見表明権の保障だけでなく，一時保護所内での個別的なケアとしても好ましいと考えます。

「そんな些細なことまで……。」と感じる人もいるかもしれません。確かに児童相談所業務においては，子どもの一時保護は必ずしも非日常的な支援といえるものではなく[81]，その中で一人ひとりの好みやこだわり等を把握してそれに対応するのは大変なことだと思います。しかし，子どもにとって一時保護というものは極めて非日常で異常な出来事です。そして，2か月であっても1か月であっても1週間であっても，一時保護の期間は，子どもの人生そのものの一部であるという視点は忘れてはいけません。

この点に関して，「子ども福祉弁護士」と呼ばれた故・平湯真人弁護士は，次のように述べられています。

> 　大人から見れば小さなことであっても，自分が選択してよいのだ，という経験と確信には，大きな価値がある。食事のとき，好きなおかずを先に食べるかどうか，昼寝をしたいか散歩をしたいか，学校へ行くのにどのシャツを着ていくか，などなど。自分の選択を無視されてきた子どもに，このような選択の経験を積ませることは，職員がなんでもやってしまったり，次々と指示を与えてさせるのに比べると，はるかに手間と時間がかかる。しかし，それだけの手間と時間はかけなければならない。
>
> 　何よりも，自分の人生は自分で決めなくてはならない。人間は，ある日いきなり立派な決断（結果を引き受ける，責任を伴った決断）ができるようになるわけではない。大きな問題を一人で決められるようになるには，日頃から小さな決断の積み重ねが大切である。そういう意味で，施設の生活の中では，限られた条件ではあるが，子どもの選択と決断を促し，尊重し，責任を負うことを学ぶように最大限の援助をなすべきである。

81）令和元年度の1年間で，全国では52,916件の一時保護が行われています。厚生労働省「一時保護の手続等に関する基礎資料集」11-12頁（https://www.mhlw.go.jp/content/11907000/000742622.pdf）。

> ※平湯真人編著『子ども福祉弁護士の仕事　恩恵的福祉観から権利的福祉
> 観へ』（現代人文社，2020）186頁より引用

　改正児童福祉法の第208回国会参議院厚生労働委員会の附帯決議（令和4年
6月7日。以下「参議院附帯決議」といいます。）においても「一時保護所の設
備・運営基準の策定に当たっては，子どもの視点に立って子どもの最善の利益
を考慮するため，子どもから意見を聴取し，可能な限りその意見を反映するこ
と。また，一時保護される子どもの個別事情に十分対応できるものとするよ
う，十分検討を深めること。」とされています[82]。

(ウ)　親子交流

　一時保護中の子どもの意見表明権に関して，ケースワーク上も大きな意味を
持つのが，保護者との面会に関するものです。

　前記本章第1の2(1)ウ（57頁以下）のとおり，親子交流は原則として実施さ
れなければならず，親子交流を制限できるのは，行政指導の場合であっても，
親子交流が子どもの最善の利益に反する具体的な事情がある場合に限られます
（条約9条3項）。そして，実際に子どもと保護者が交流することが子どもの最
善の利益に反するか否かは子どもの意見を聴かなければ分からないため（前記
第1章第4の2（39頁以下）参照），この点について，子どもには聴かれる権利
をはじめとする意見表明権が保障される必要があります。

　虐待事案であれば，自分が虐待されたことをCWに正直に話したことにつ
いて親は怒っているのではないかといった恐怖や不安を抱いている子どももい
ます。そのため，子どもから意見を聴くに当たっては，あらかじめ，表明した
意見は親にも伝わるのか，一時保護期間中にCWが保護者等と行った面談の
内容はどういったものなのか，仮に親子面会を実施したときであっても好きな
ときに自由に中断できるのか，面会するにあたってはCWやCPが同席するこ
とはできるのかといった情報を丁寧に説明することが必要です（前記第1章第
1の1(1)ウ（7頁以下），同第2の2(1)（26頁以下）参照）。その上で，誘導等の

82）参議院附帯決議4項。

ないやり取りの中で，子どもの親子面会の実施に関する意見を聴き取り（前記第1章第1の1(2)（9頁以下）参照），その意見を正当に尊重する必要があります。特に面会に関する制限は「子どもの安全の確保が図られ，かつ一時保護の目的が達成できる範囲で必要最小限とする」ことが強調されています[83]。

そもそも，"子どもが親と一緒に生活すること"と"子どもが親と交流すること"は切り離して検討されるべきものです[84]。3号措置が見込まれる場合であっても，さらにはその後の家庭復帰が見込まれないような場合であっても，保護者との交流自体が子どもの最善の利益に反するものでない限り，親子交流は認められるべきです。直接の交流が子どもの最善の利益に反する場合であっても，手紙等を含めた間接的な交流が可能かどうかの検討も行う必要があります。

そして，繰り返しになりますが，そのように子どもの最善の利益を第一次的に考慮して判断した結果については，子どもに対して十分なフィードバックがなされなければなりません（前記第1章第1の1(5)ウ（19頁以下）参照）。

ウ　一時保護解除時における子どもの意見表明権の保障

一時保護はあくまで暫定的なものであり，原則として2か月以内に，その後の支援方針を決定しなければなりません（児福33条3項）。しかし，どのような支援方針を決定した場合であっても，一時保護の解除は，子どもの生活環境が再び変わることを意味します。そのため，子どもに対して大きな影響を及ぼす事項であるとして，子どもの意見表明権が十分に保障されなければなりません。

そのため，担当者が一定の方向性を持って支援計画を立てようとしている場

---

83) 一時保護ガイドラインⅡ3(2)（8頁）参照。

84) "親子関係再構築"とは，必ずしも子どもと親が一緒に生活することではなく，「子どもと親がその相互の肯定的なつながりを主体的に回復すること」であり，その目的は「子どもが自尊感情をもって生きていけるようになること，生まれてきてよかったと自分が生きていることを肯定できるようになること」とされています（親子関係再構築支援ワーキンググループ（平成26年3月）「社会的養護関係施設における親子関係再構築支援ガイドライン」6頁）。また，改正児童福祉法により「親子再統合支援事業」が新設されましたが，ここでいう「再統合」についても，虐待や親子分離などにより傷付いた親子関係の修復や再構築に取り組むものではありますが，必ずしも家庭復帰を唯一の目標とするものではないとされています（「令和3年度　社会保障審議会児童部会社会的養育専門委員会　報告書」16頁）。

合であっても，誘導等をすることなく，今後の生活場所についてどう考えているのかを子どもが自由に意見表明できるようにする必要があります。その際には，子どもの意見がどのように扱われるかの説明も重要です（前記第1章第1の1(1)ウ及び(2)（7頁以下）参照）。

特に虐待事案においては，前記のとおり，子どもは家に帰ったら再び虐待されるのではないか，自分が虐待されたことをCWらに話したことについて親は怒っているのではないかといった恐怖や不安を抱いている子どももいます。そういう子どもにとっては，家に帰った場合に本当に安心して生活を送れるのかという点が大きな関心事です。そのため，子どもに意見を聴くに当たっては，あらかじめ，一時保護期間中の面談経過，一時保護によって家庭環境はどのように変化したのか，さらには家庭復帰後の児童相談所による支援の有無などについて十分な情報提供が行われなければなりません[85]。

同様に仮に「今は家に帰りたくない。」との意見を表明した場合には，それが親にも伝わってしまうのではないか，それによって二度と家に帰れなくなってしまうのではないかという不安を持っている場合があります。そのため，子どもの意見がどのように扱われるのか，誰にまで伝わるのかなども事前に丁寧に説明する必要があります。

他方で3号措置が見込まれる場合，子どもは，一時保護所からさらに新たな知らない環境で生活することになります。そのため，児童相談所としては3号措置を決定しようとする際にも，子どもの意見表明権を保障する必要があります（この点については後記本章第1の3(2)（69頁以下）参照）。

また，家庭復帰又は3号措置のいずれの方針を採ろうとしている場合であっても，一時保護の解除時には改正児童福祉法により子どもの意見聴取が義務付けられることになりました（改正児福33条の3の3第4号。後記第3章第1（109頁）以下）。児童相談所長は，こうして聴き取った子どもの意見を正当に尊重した上で，子どもの最善の利益を第一次的に考慮して支援方針を決定しなければならないことになります[86]。そして，子どもの意見内容と支援方針が

85）一時保護ガイドラインⅤ6(1)（42-43頁），子ども虐待対応の手引き117頁参照。
86）児童相談所運営指針第3章第6節(3)（67頁）。

一致しているか一致していないかにかかわらず，対話を含めたフィードバックが行われなければなりません（前記第1章第1の1(5)ウ（19頁以下）参照）。

🍀 3　3号措置

(1)　概要

ア　内容

　一時保護の結果（一時保護を経ない場合もあります。），子どもを家庭で生活させることが適当でないと判断した場合，児童相談所長は子どもを里親等に委託し又は児童養護施設等に入所させる3号措置を採ることができます[87]。

　3号措置の措置先としては，里親，ファミリーホーム，乳児院，児童養護施設，障害児入所施設，児童心理治療施設，児童自立支援施設があります[88]。

　また，「3号措置中の子どもの生活と支援」や「3号措置中の子どもに対する施設長等の権限」に関しては前記本章第1の2(1)イ及びウ（56頁以下）と共通する点も多いですが（一時保護中における児童相談所長の監護及び教育に関する措置（児福33条の2第2項）は，3号措置中においては施設長や里親等に認められています（児福47条3項）。），以下の点に留意する必要があります。

イ　3号措置の留意点

　3号措置を採る際には，親権者等の意に反しないことが必要となっており（児福27条4項），親権者等の意に反して3号措置を採ろうとする場合には，家庭裁判所の承認を得る必要があります（児福28条1項。後記本章第1の4（72頁以下）参照）。

　また，3号措置は，措置時点において子どもが家庭で過ごすことが適当でないとして採られるものではありますが，3号措置中も子どもは成長し，家庭環境等も変化していきます。そのため，3号措置を採る際には，措置中にどのような支援を行って家庭復帰（場合によっては自立）を目指すのかについての支援計画を策定しなければなりません[89]。3号措置中における子どもに対する

87）児童相談所長の権限について前掲注19）参照。
88）各措置先の説明については，前掲注67）日本弁護士連合会子どもの権利委員会編53頁，153-159頁等参照）。
89）児童相談所運営指針第4章第4節5(2)（95頁），第4章第6節1(8)（106頁）参照。

支援は，この支援計画に基づいて行われることになります[90]。

　特に３号措置となる子どもの中には，中学校や高校を卒業した後の進路を決断しなければならない時期を迎える子どもも一定数います。進学か就職か，自立か措置延長か家庭復帰か，そしてそれらの時期，さらには３号措置中の保護者との交流の在り方等は，３号措置中だけでなく３号措置が解除された後も続いていく子どもの人生に大きな影響を及ぼしていくことになります。

(2)　３号措置における子どもの意見表明権の保障

ア　一時保護との共通点

　３号措置決定時における子どもの意見表明権の保障，３号措置中における子どもの意見表明権の保障及び３号措置解除時における子どもの意見表明権の保障は，それぞれ前記本章第１の２(2)（58頁以下）で述べた一時保護に関する子どもの意見表明権の保障と多くの場面で重なることになります。

　そのため，児童相談所長が３号措置の検討を行うにあたっては，子どもから，現状の生活をどのように感じているのか，今後どこでどのような生活を送ることを希望するのか（生活する場所そのものだけでなく，スマートフォンの利用やお小遣いの金額等といった生活のルールも含めて）など３号措置がなされること自体や措置後の生活に関する意向等も含めて誘導なく意見を丁寧に聴き取る必要があります。その上で，３号措置を採ることが見込まれる場合には，子どもに対して，３号措置の内容や目的，想定される措置期間，３号措置中における日常生活や保護者との面会，さらには候補となる措置先に関する情報についても丁寧な情報提供を行う必要があります（この点については，子どもに対して誘導となることのないように注意する必要があります（前記第１章第１の１(2)（9頁以下）参照）。）[91]。

　そして，具体的な支援方針の決定の際には，聴き取った子どもの意見を正当に尊重した上で行わなければなりませんし，決定後には丁寧なフィードバックがなされなければなりません。特に３号措置に反対している子どもに対して

90）児童相談所運営指針第4章第6節1(2)（105頁），児童養護施設運営指針16頁。
91）一時保護ガイドラインⅤ6(2)（43-44頁）参照。また，里親委託ガイドライン（雇児発0330第9号平成23年3月30日・最終改正令和3年3月29日子発0329第4号）9頁においては，里親とのマッチングに関して，子どもが里親委託を断ることができることも説明するよう記載されています。

は，「子どもの意向に沿わない判断をした理由を提示し，子どもの納得が得られるよう，尽力しなければな」りません[92]。そして，「一時保護から里親委託や施設入所等へと移行する子どもに対しては，子どもの意見や気持ちを十分に聞くとともに，新たな養育場所に関する情報の提供，養育環境の変化に対する不安や家族との生活を失うことに対する悲しみなどの情緒的反応への手当て，そうした移行が必要であることを納得するための十分な説明，その後の子どもや家族に対する支援の見通しの提示など移行期における丁寧な支援が必要とな」ります[93]。

　また，3号措置決定に対して子ども本人が審査請求を行うことができる点は一時保護の決定と同様ですので，そのための教示もなされるべきです。なお，3号措置の決定時さらには解除時における子どもからの意見聴取は，改正児童福祉法に基づく意見聴取等措置として法的に義務付けられることになりました（改正児福33条の3の3第2号。後記第3章第1（109頁以下））。

　さらに，3号措置中の日常生活における施設のルールや里親宅における"家族の決まり"は子ども本人や他の入所者や職員を守るため，又は施設や里親宅における養育が適切に行われる上で必要最低限のものでなければなりません。そして，そのようなルールや決まりも子どもの生活に影響を及ぼす事項であるため，子どもの意見を聴き，それを正当に尊重し，必要に応じて改善や見直し等を行う必要があります[94]。

　施設によっては，施設に入る際に，施設のルールを記載した書面を子どもに渡して，それを説明して子どもの署名を求めることもあります。しかし，このような運用をする際には，初めての環境に連れてこられた子どもがその内容を十分に理解し，納得しているかについて留意する必要があります。また，3号措置によって施設に入所した時点では納得していたものの，施設等で生活する中で，「やっぱり納得できない。」と思うようになることもあると思います[95]。

92）一時保護ガイドラインⅡ2⑴（4頁）。
93）一時保護ガイドラインⅡ5⑶（18-19頁）。また，一時保護ガイドラインⅤ6⑵（43-44頁）参照。
94）里親及びファミリーホーム養育指針13頁。
95）全国児童養護施設協議会「今後の児童養護施設に求められるもの　児童養護施設のあり方に関する特別委員会最終報告書」（令和3年6月）19頁参照。

そのようなときには，丁寧に子どもの声を聴き取り，尊重し，子ども一人ひとりに応じた「個別化」の原則[96]の下で対応することが必要であることを忘れてはいけません（「未就学児」「小学生」「中学生」又は「高校生」のように子どもの年齢ごとにルールを設定している場合も同じです。）。自分で自由に施設を選んで入ったわけではない子どもに対して，過剰なルールを設定して子どもの権利を制約することや，特定の子どもにとって必要な制限を他の子どもにも機械的に制限することなどは厳に慎まなければなりません。

　なお，３号措置中の処遇に関する子どもの意見は改正児童福祉法によって新設された意見表明等支援事業の対象になっています（改正児福６条の３第17項。後記第３章第２の２(1)（123頁以下）参照）。

イ　一時保護との相違点

　一時保護と異なり，３号措置は数年，さらには十数年にわたって採られることもあります。それに伴って子どもは成長し，人生における様々な分岐点に立つことになり，またその後の家庭環境等も大きく変化していきます。そのため，支援計画は３〜４か月程度で見直すことが求められています[97]。特に，高校受験や高校卒業後の進路などは，その後の子どもの人生に極めて大きな影響を及ぼし，３号措置中の学習・進学支援や就労支援の在り方も子どもの進路によって大きく変わってきます。そのため，児童相談所・里親等・施設などが子ども一人ひとりにとっての最善の利益に適う支援計画を立てる又は見直す際には，子どもの意見を聴き，それをもとに子どもと一緒に今後のことを考えていくことが肝要です[98]。

　また，３号措置が長期間なされることによって，子どもと保護者との関係性も変化していきます。一時保護中における親子交流と同様，３号措置中であっても保護者との交流は原則として実施されなければなりません。"子どもが親と一緒に生活すること"と"子どもが親と交流すること"は区分して検討されるべきです（前記本章第１の２(2)イ(ウ)（65頁以下）参照）[99]。

96）児童養護施設運営指針２頁。
97）児童相談所運営指針第４章第６節２(1)（107頁）。
98）児童養護施設運営指針17頁，児童相談所運営指針第１章第５節４（25頁），第４章第４節
　7(2)（99頁），第４章第６節２(1)（107頁）参照。

4　28条審判及び親権制限に関する審判手続

(1)　概要

　児童相談所長が3号措置が適切であると判断しているのに対して親権者等が3号措置に反対している場合，児童相談所長は家庭裁判所に対して3号措置を採ることについての承認審判（28条審判）の申立てを行うことがあります[100]。また，3号措置を採るだけでなく広く親権者の親権そのものを制限することが適切であると判断した際には，児童相談所長は家庭裁判所に対して親権喪失や親権停止等の申立てを行うこともあります（民834条，834条の2，835条，児福33条の7）。

　なお，28条審判及び親権停止の審判は，その効力は2年を超えてはならない（児福28条2項本文）又は2年が限度（民834条の2第2項）と定められています。そのため，2年を超えて引き続き3号措置を継続する場合や親権を停止する必要がある場合には，更新の申立て（児福28条2項ただし書），又は新たに親権停止を申し立てる必要があります。特に28条審判の更新の申立ての際には，28条審判を経て3号措置がなされている期間の保護者に対する2号指導措置による指導の効果が判断要素の一つとなっていますので（児福28条2項ただし書），児童相談所は3号措置期間中，再統合に向けた指導を行う必要があります（児童虐待防止4条1項，11条2項参照）[101]。

(2)　審判手続における子どもの意見表明権の保障

ア　28条審判における子どもの意見表明権の保障

　28条審判において裁判所は，15歳以上の子どもについてはその子どもの陳述を聴かなければなりません（家事236条）。15歳未満の子どもには同条の規定は適用されませんが，家事事件手続法65条では子どもの年齢に関係なく，「子の陳述の聴取，家庭裁判所調査官による調査その他の適切な方法により，

99）前掲注77）根ケ山編著119-123頁，里親及びファミリーホーム養育指針15頁，児童養護施設運営指針16頁参照。
100）児童相談所長の28条審判の申立権限について，前掲注19）参照。
101）家庭復帰のめどが全く立たないケースなど2号指導措置の必要性及び有用性そのものに疑問がある場合には，保護者に対する2号指導措置を行わずに更新を申し立てることも可能であるとするものとして，前掲注4）磯谷ほか編集代表348-349頁〔高橋温・岩瀬徹〕参照。

子の意思を把握するように努め，審判をするに当たり，子の年齢及び発達の程度に応じて，その意思を考慮しなければならない。」と規定されています（実際には，15歳未満の子どもについての28条審判では，調査官が子どもと面接をして子どもの意向を聴き取ることが多いと思われます。）。

　28条審判における決定権者は裁判所です。そのため，裁判所は，子どもの最善の利益を第一次的に考慮して28条審判を承認するか却下するか判断する必要があります。そして，その判断のためには子どもの意見表明権が保障されていなければなりません（前記第1章第4の2（39頁以下）参照）。

　この点について，子どもが単に意見を聴かれる対象にとどまるのではなく，より主体的に審判手続に参加するために，家事事件手続法では子どもの利害関係参加を認めています（家事42条，235条）。しかし，利害関係参加した子どもが審判手続において書面を作成したり，証拠を集めたりすることは現実的には困難です。そこで，子どもに代理人が選任されることがあります（家事23条1項，2項）。この「子どもの手続代理人」の制度は，子どもの意見表明権を実質的に保障するものとして導入されたものですので[102]，子どもの手続代理人は条約12条2項の「代理人」として活動することになると考えられます。

　そのため，子どもの手続代理人は「代理人」（条約12条2項）として，子どもの意見（views）を正確に聴き取り，それを裁判所に対して，正確に伝えることが求められます（前記第1章第2の1(3)（25頁以下）参照）。28条審判は児童相談所長が子どもを家庭に帰すことが当該子どもの最善の利益に適わないとして申し立てるものですが，仮に子どもが「家に帰りたい。」と言った場合でも，子どもの手続代理人は子どもの意見を正確に裁判所に伝えなければなりません[103]。これは，裁判所が子どもの意見を正当に尊重した上で子どもの最善の利益を第一次的に考慮して判断するための前提となるものです。

　子どもの意見が捻じ曲げられることなく決定権者である裁判所に正確に伝えられることによって初めて，決定権者である裁判所は子どもの意見を正当に尊重した上で子どもの最善の利益に適う最終的な判断をすることができます（前

102）加藤靖「金沢家庭裁判所における子の手続代理人の選任の実情及び課題」家判22号40頁，前掲注67）日本弁護士連合会子どもの権利員会編247頁。

記第 1 章第 4 の 2(1)（39 頁）参照）。

　裁判所の最終的な決定が子どもの意見内容と反する内容であったとしても，子どもとしてできる限りの手立てを出し尽くして自らの意見を表明し，表明した意見が裁判所によって正当に尊重され，審判書でその判断過程が示されることは，子どもにとって次の一歩につながるものであると考えます[104]。なお，家庭裁判所の決定に対して，不服があったとしても子ども本人は即時抗告ができない点に注意する必要があります（家事 238 条参照）。

イ　親権制限に関する審判手続における子どもの意見表明権の保障

　親権制限に関する審判手続における子どもの意見表明権の保障は，前記の 28 条審判におけるそれと大きく異なることはありませんが，28 条審判と異なり親権制限に関する審判は，子ども本人が申し立てることができます（民 834 条，834 条の 2，835 条）。

　子どもの手続代理人は，子どもが利害関係参加した場合だけでなく子ども自ら申立人となる場合にも適用されるため，このような場合にも子どもの手続代理人が積極的に活用されることが望まれます（養子縁組について離縁手続を子ども自ら申し立てるような場合も同様です。）。

🍀 5　特別養子縁組

(1)　概要

ア　内容

　特別養子縁組は，新たな法律上の養親子関係を成立させるとともに，その子どもと実親との実親子関係を終了させる制度です（民 817 条の 2 以下）。児童相

---

103) 子どもに対して，結論の見通し等について情報提供したりすることがあるとしても，「子どもの手続代理人は，依頼者である子どもの意思を尊重して職務を行うこととされているから（弁護士職務基本規程 22 条 1 項），子どもの意思を変えさせる役割を担うものではない。」と説明するものとして，日本弁護士連合会「子どもの手続代理人の役割と同制度の利用が有用な事案の類型」（平成 27 年 7 月 31 日）（https://www.nichibenren.or.jp/library/ja/activity/data/kodomo_dairinin_ruikei.pdf）。また，松川正毅ほか編『新基本法コンメンタール　人事訴訟法・家事事件手続法』（日本評論社，2013）160 頁においても，子どもの手続代理人は，「本人の主観的利益を代弁することで本人の法的利益を擁護する立場と理解することができる」とされています。
104) 前掲注 77）根ケ山編著 229 頁参照。

談所業務において特別養子縁組の事案はそう多くはないと思います[105]。しかし，子どもが父母の下で養育されることが困難又は不適当である場合には，「家庭における養育環境と同様の養育環境」において継続的に養育されることが求められていますので（児福3条の2。家庭養育優先の原則），児童相談所としては，永続的解決（パーマネンシー保障）としての特別養子縁組を有力かつ有効な選択肢として検討する必要があります[106]。

また，特別養子縁組に関しては，令和元年の法改正（民法等の一部を改正する法律。令和元年法律第34号）により，原則6歳未満となっていた養子年齢が原則15歳未満まで引き上げられ，さらに，やむを得ない事由があるときは，例外的に18歳未満であれば特別養子縁組の成立が認められるようになりました（民817条の5）[107]。これにより，特別養子縁組が従前に比べてより活用されることが期待されています。

他方で，特別養子縁組が成立した場合には，子どもは単独の新戸籍が編製された後，養親の戸籍に入ることになります（戸籍法20条の3第1項，18条3項）。そして，特別養子縁組は永続的な親子関係を築く制度であるため，原則として離縁は予定されておらず，例外的に「養親による虐待，悪意の遺棄その他養子の利益を著しく害する事由」があり，「実父母が相当の監護をすることができる」場合で，かつ，「養子の利益のため特に必要がある」ときにのみ離縁を行うことが認められています（民817条の10）。

このように，特別養子縁組は子どもの人生に，極めて大きな影響を及ぼす制度であるため，適切に運用される必要があります[108]。

イ　児童相談所業務における特別養子縁組

児童相談所は，養子縁組里親の里親登録を行い（児福6条の4第2号，34条の19，児福規36条の42），子どもを養子縁組里親に委託する（3号措置）とい

---

105) 令和3年に全国の家庭裁判所が受け付けた児童相談所長が申立人となっている特別養子適格の確認審判の件数は134件となっています（最高裁判所事務総局「令和3年　司法統計年表　3家事編」https://www.courts.go.jp/app/files/toukei/597/012597.pdf）。
106) 新たな社会的養育の在り方に関する検討会「新しい社会的養育ビジョン」（平成29年8月2日）3頁（https://www.mhlw.go.jp/file/05-Shingikai-11901000-Koyoukintoujidoukateikyoku-Soumuka/0000173888.pdf）。
107) 具体的な特別養子縁組の要件や手続等については，前掲注67）日本弁護士連合会子どもの権利員会編114頁以下等参照。

う重要な役割を担っています[109]。さらに，これまでは養親となる者のみが特別養子縁組に関する審判の申立権者として認められていましたが，前記の民法等の改正により，２段階に分けられた特別養子縁組手続の中で，第１段階（特別養子適格の確認審判）に関して児童相談所長がこれを申し立てる又は手続に参加することができるようになりました（児福 33 条の６の２。手続参加について同法 33 条の６の３）。このように，児童相談所は特別養子縁組に関してさらなる関与が求められるようになりました。

　さらに，児童相談所は養子縁組により養子となった子どもに対する支援を行うことも求められており（児福 12 条３項，11 条１項２号チ），特に特別養子縁組に関しては成立後少なくとも半年間は２号指導措置等による支援を行うこととされています[110]。

(2)　特別養子縁組手続における子どもの意見表明権の保障

ア　特別養子縁組の支援方針における子どもの意見表明権の保障

(ア)　養子縁組里親への３号措置時における子どもの意見表明権の保障

　児童相談所長は，特別養子縁組が適切であると判断した子どもについて，登録されている養子縁組里親の中から当該子どもにとって適切な里親に対して委託（３号措置）を行います。養子縁組里親として登録している里親は「養子縁組によつて養親となることを希望する者」（児福６条の４第２号）であるため，養子縁組里親に３号措置を行う時点で既に，今後（例えば６か月間の試験養育期間（民 817 条の８第１項）の経過後など）特別養子縁組を行うことが見込まれていることがあります。

　そうすると，特別養子縁組を行うことを見込んで養子縁組里親委託の３号措置を採る場合には，前述の３号措置における子どもの意見表明権の保障（前記

108）（特別）養子縁組においては，子どもの最善の利益は「第一次的に考慮される」（a primary consideration）にとどまらず，「最高の考慮事項」（the paramount consideration）であることが強調されています（条約 21 条，前掲注 39）平野訳（2013）パラグラフ 38 参照）。特別養子縁組のケースでは，特に多くの関係機関と連携することがあり，それぞれの関係機関の意見も必ずしも一致するとは限らないこともあります。しかし，そのような場合でも，特別養子縁組を行うか否かの検討は，子どもの最善の利益を「最高の考慮事項」として行わなければなりません。

109）児童相談所長の権限について前掲注 19）参照。

110）児童相談所運営指針第４章第３節 5(5)（88-89 頁）。

本章第1の3(2)（69頁以下）参照）に加えて，特別養子縁組についての十分な説明を含めた意見表明権の保障が必要です。

　しかし，実際には，乳児院に一時保護委託されていた乳児がそのまま養子縁組里親に3号措置がなされる場合，子どもの能力等に鑑みると3号措置を行う時点でこれらの説明を行うことは難しいこともあります。また，特別養子縁組が子どもに極めて大きな影響を及ぼすものであることに鑑みれば，特別養子縁組に関する説明は丁寧にかつ十分な時間をかけて行う必要があります。そうすると養子縁組里親に3号措置をする前の段階で，これらの点に留意した上での説明が行われることは難しいこともあるかもしれません（この点については，後記本章第1の5(2)イ（78頁以下）で改めて説明したいと思います。）。

　(イ)　特別養子適格の確認審判申立時における子どもの意見表明権の保障

　養子縁組里親への3号措置を行った後，児童相談所長は特別養子縁組手続として特別養子適格の確認審判を申し立てることがあります（児福33条の6の2)[111],[112]。上記(ア)の養子縁組里親への3号措置の段階においても，子どもに対して特別養子縁組についての一定の説明及び意見表明の機会が保障されていますが，実際に特別養子適格の審判の申立てを検討する際には，再度，子どもへの説明と意見表明の機会が保障されなければなりません。時間の経過とともに実親との関係等も変化している可能性もありますし，3号措置が行われて子どもが実際に里親（養親候補者）と一緒に生活をしたことによって子どもの意見が変化している可能性があるためです。

　そして，特別養子縁組に関して再度丁寧に説明を行った上で，子どもの不安や期待を十分に受け止め，そうした意見（views）を正当に尊重し，特別養子

111）養子縁組里親に3号措置を行ってから又は養親候補者が見つかってからでないと特別養子適格の審判申立てを行うことができないわけではありませんが，特別養子縁組の成立の審判は児童相談所長の申立てによる特別養子適格の審判が確定してから6か月以内に，養親となろうとする者が申し立てなければならない点に注意する必要があります（家事164条2項。児童相談所運営指針第4章第10節3(1)（143頁）参照）。
112）前記本章第1の5(1)イ（75頁以下）のとおり児童相談所長も特別養子適格の審判申立てを行うことができるようになりましたが，児童相談所が関わっている特別養子縁組の事案全てについて児童相談所長が申し立てるかどうかは各自治体によって運用が異なるようです。しかし，児童相談所は申立て又は利害関係参加などによって審判手続に積極的に関与することが望ましいとされています（前掲注67）日本弁護士連合会子どもの権利委員会編118頁参照）。

縁組を行うのか否か，養子縁組手続を行うとしても別の養親候補者とする道も
模索すべきか，申立てのタイミングをいつにするのか等について，子どもの最
善の利益を第一次的に考慮して判断する必要があります。

イ　特別養子縁組に関する子どもへの説明内容と説明時期

(ア)　子どもに対する説明内容

前記本章第 1 の 5(1)（74 頁以下）のとおり，特別養子縁組は子どもにとって
極めて大きな影響を及ぼします。児童相談所の業務には，子どものその後の人
生を決めるものが多いですが，特別養子縁組はその最たるものといえます。そ
のため，子どもの意見表明権もそれに比例して保障されなければなりません。
特に，特別養子縁組に関しては，子どもに対して丁寧な説明を事前に行うこと
が重要です。

そして，特別養子縁組に関する説明を行うにあたっては，特別養子縁組の制
度のことだけでなく，子ども本人のこれまでのことや特別養子縁組を行うこと
による子ども本人と実親と養親に生じる影響等について丁寧に説明する必要が
あります。実親子関係が終了するとはどういうことなのかといった法律上の問
題だけでなく，特に，実親の同意（民 817 条の 6 本文参照）がある場合には，
自分の親はどうして特別養子縁組に出すことに同意しているのか，なぜ実親は
自分を育てることができなかったのかなどについても説明する必要がありま
す。このような説明は，子どもの知る権利（条約 7 条 1 項）を保障するための
ものでもあり，ライフストーリーワークも交えた丁寧な説明と子どもの疑問に
答える“対話”が重要となります。

このようなライフストーリーワークも含めた特別養子縁組に関する説明は，
子どもにとって決して後ろ向きなものではなく，子どもがこれまでの人生を肯
定的に受け止めるために行われるものです[113]。しかし，これらを説明するに
当たっては，子どもの疑問に答えられるための十分な事前準備が必要となりま
すし，実親と離れた経緯も含めた極めてセンシティブな情報を子どもと共有す

113）ライフストーリーワークの意義について，園部博範ほか編著『子どもに寄り添うライフス
　　トーリーワーク　社会的養護の現場から』（北大路書房，2020）45 頁参照。なお，ライフス
　　トーリーワークは特別養子となる子どもにだけ行われるものではなく，施設や里親に措置され
　　ている子どもに対しても，知る権利の保障及び自己形成の観点から広く行われるべきものです
　　（児童養護施設運営指針 18 頁，里親及びファミリーホーム養育指針 14 頁）。

ることになるため，子どもの状態や状況を見極めた上で実施される必要があります[114]。また，このような説明は必要に応じて繰り返し行われるべきです。ここで，養子縁組の当事者である子どもの，特別養子縁組の説明に対する思いを一部紹介したいと思います。

- 説明を誰がすべきかについては，ケースバイケースだが，共通していると思うのは，里親であっても第三者であっても，信用している人から説明を受けたいということ。

　…（中略）…

- 養子縁組は大事な手続きだと思うので，説明の段階を踏むべきだと思う。まずは，自分のことを知る，次に制度のことを知る，家族にとって自分にとってのメリット・デメリットを里親と共通理解を持つ。その上で，どう思うか。その場で結論を迫るのではなくではなく（筆者注：原文ママ），期間を空けたり，分からないことを確認したりできるといい。

- 里親と子どもだけで話すのではなく，児童相談所などの第三者を交えて話し，子どもと第三者だけで話す場も設けるべきだと思う。

　…（中略）…

- 養子縁組が絶対いいという説明はしない方がいい。フラットに説明して，その子ども自身の意見を聞いて欲しい。いいと言われ続けて，進められていくと，裏があるのかと思ったり，後から疑問にも感じたりしてしまう。2〜3歳の小さい子に選択を迫ることもあると思うが，その時々の子どもの意見は聞いてあげて欲しい。

　…（中略）…

- …（中略）…自分が置かれている状況を知らないと，できない質問もある。どんな状況にいて，どんな選択肢があるかはできる限り説明する方がいい。里親も児童相談所の方も優しさから，傷つけないように気を使うが，傷ついたとしても，叶わないことを知ったとしても，悲しい気持ちを分かってくれればいい。つまずいたときに，いつでも相談に乗って

114）楢原真也「児童養護施設におけるライフストーリーワーク──子どもの歴史を繋ぎ，自己物語を紡いでいくための援助技法──」大正大学大学院研究論集 34 号 248 頁以下参照。

あげられることを知っていれば，どれだけ救われるかと思う。

> *HITOTOWA INC.*「*特別養子縁組制度の改正を踏まえた年齢要件の緩和及び手続の改正に係る事例に対する支援のあり方に関する調査研究　報告書*」*(2021, 令和2年度　子ども・子育て支援推進調査研究事業) 145, 148-149 頁より引用*

(イ)　子どもに対する説明時期

　以上のとおり，特別養子縁組に関する説明には子ども一人ひとりの状態等に応じた丁寧な説明を繰り返し，または時間をかけて行うことが求められます。そのため，「3号措置を行う時点」や「3号措置を行ってから3か月程度経過した時点」などあらかじめ説明時期を一律に決められるものではありません。説明時期は事案に応じて個別具体的に検討されるべきです。

　しかし，子どもに対する説明がいずれの段階で行われるとしても，児童相談所は，子どもの意見を正当に尊重した上で，子どもの最善の利益を最高の考慮事項として，(特別養子縁組を行うことだけでなく，従前の方針を白紙にすることも選択肢に入れた) 支援方針を判断しなければなりません (条約21条)。

　そうすると，少なくとも，(里親の意向や期待，児童相談所と里親との関係性なども含めて) "事実上"，「特別養子縁組を行う」という支援方針からの方針転換が困難な状況にまで至ってから子どもの意見を聴くということは既に手遅れであり，子どもの意見表明権が実質的に保障されているとはいえません。方針の変更や撤回が可能な段階において，子どもに対して丁寧な説明を行い (前記第1章第1の1(1)ウ (7頁以下))，子どもが自由に意見を表明する環境 (状況・やり取り) の下で子どもの意見を聴き取り (前記第1章第1の1(2) (9頁以下))，そうして聴き取った子どもの意見を正当に尊重し (前記第1章第1の1(5)(15頁以下))，子どもの最善の利益を最高の考慮事項として考慮した上で (条約21条)，養子縁組の方針撤回も選択肢の一つに入れて子どもの最善の利益に適う支援方針が決められなければなりません[115]。

　なお，前記のとおり特別養子縁組において養子となる者の年齢が原則15歳まで引き上げられたとはいえ，実際には乳幼児を含めた幼少の子どもの縁組成

立が多くを占めると思われます。乳幼児においても意見表明権が保障されなければならないことは当然ですが（前記第1章第3（28頁以下）参照），実親子関係が終了することや戸籍の記載，法律上の親子の成立などを理解することは困難な場合もあると思います。しかし，その場合でも，年齢や発達に応じた説明を行うことも含めた意見表明権が保障されるべきであり，その後の真実告知に向けて（条約7条1項参照），児童相談所（及び養親）は子どもに説明責任を果たすことができるようにしておく必要があります。

ウ　特別養子縁組の審判手続における子どもの意見表明権の保障

　児童相談所長による特別養子縁組の方針決定や審判申立ての場面だけでなく，審判手続においても子どもの意見表明権は保障されなければなりません。特に，特別養子縁組は普通養子縁組とは異なり，その解消（離縁）には厳しい要件が課されていますので（民817条の10，811条1項参照），3号措置のように後から解除や変更等をすることは原則としてできません。そのため，当該特別養子縁組が「子の利益のため特に必要がある」（民817条の7）か否かという点は，子どもの意見表明権を保障した上で適切にかつ慎重に判断されるべきです。

　しかしながら，法律上は，養子となる者の年齢が15歳以上である場合は，当該養子となる者の同意を要件とし（民817条の5第3項），子どもの意見聴取を義務付けていますが（家事164条6項1号，164条の2第6項1号），15歳未満の子どもについては，前記28条審判と同様，「子の陳述の聴取，家庭裁判所調査官による調査その他の適切な方法により，子の意思を把握するように努め，審判をするに当たり，子の年齢及び発達の程度に応じて，その意思を考慮しなければならない。」（家事65条）との規定しかありません。

　しかし，家事事件手続法65条の規定だけであっても，同条が子どもの意思

115）前掲注108）参照。児童相談所の現場においては，里親との関係性等も支援方針を決める際の一つの要素として考慮せざるを得ない現状はあるかもしれません。しかし，特に養子縁組に関しては，子どもの最善の利益は「最高の考慮事項」（the paramount consideration）として考慮されなければなりません（条約21条）。当該里親との養子縁組が子どもの最善の利益に適わないと判断されるときには，養子縁組の方針撤回，さらには3号措置解除も含めた検討がなされなければなりません。特別養子縁組はあくまで"子どものための制度"です。ただし，そのような判断の結果，養子縁組里親への3号措置の解除等を行うときには，里親に対する丁寧な説明や適切なケアが必要となります。

を考慮しなければならないと定めている以上，その運用次第によって，子どもの意見表明権を十分に保障することは可能なはずです。さらに，子どもの利害関係参加（及び子どもの手続代理人制度）を特別養子縁組手続においても活用することによって，子どもが主体的に審判手続に参加することもできます（前記本章第 1 の 4(2)ア（72 頁以下）参照）[116]。

🍀 6　自立支援

(1)　概要

　3 号措置が行われている子どもの中には，その後家庭復帰となる子どももいれば，そのまま家庭に帰ることなく自立していく子どももいます。自立する子どもは，それまでの社会的養育から離れて一人暮らし等をしていくことになりますが，3 号措置が行われた経緯等から頼れる親族がいないことも珍しくないため，自立に向けた支援は丁寧に行われる必要があります。

　児童相談所が行う自立支援策としては，児童自立生活援助事業（児福 6 条の 3 第 1 項），18 歳以降の 3 号措置の延長（児福 31 条）及び社会的養護自立支援事業・身元保証人確保対策事業などが挙げられます[117]。

ア　児童自立生活援助事業（自立援助ホーム）

　児童自立生活援助事業は，義務教育が終了し 3 号措置が解除された子どもや 20 歳未満の者，高校や大学に通っている者，さらには児童自立生活援助の実施（自立援助ホームによる支援）が必要であると認められる者を対象として（改正児福 6 条の 3 第 1 項），共同生活を営む自立援助ホーム等において，相談その他の日常生活上の援助及び生活指導並びに就業の支援等を行う事業です[118]。本人の申込みによって事業を利用することができます（児福 33 条の 6）。

116）前掲注 103）日本弁護士連合会 3-4 頁では，子どもの手続代理人の利用が有用な事案の類型を 6 つ挙げていますが，これに縛られることなく，子どもの意見表明権の実質的な保障のためにも，（年齢等の制限はあると思いますが）積極的に活用されることが望まれます。

117）そのほかにも，各地の NPO 法人などが実施している「退所児童等アフターケア事業」や都道府県社会福祉協議会などが実施している「児童養護施設退所者等に対する自立支援資金貸付事業」などがあります。

118）平成 10 年 4 月 22 日児発第 344 号厚生省児童家庭局長「児童自立生活援助事業（自立援助ホーム）の実施について」（最終改正：平成 29 年 3 月 31 日雇児発 0331 第 52 号）2 頁。なお，改正児童福祉法によって，利用者の対象が拡大されました。

イ　措置延長

18 歳以上の者は児童福祉法上の「児童」には該当せず（児福 4 条 1 項柱書），民法上も成年と位置付けられています（民 4 条）。しかし，18 歳になってからも引き続き 3 号措置が必要な者に対して，20 歳に達するまで 3 号措置を延長することができるというのが措置延長です（児福 31 条 2 項）。

ここで注意しなければならないのは，たとえ幼少期からずっと 3 号措置が採られてきた子どもであっても，18 歳になった瞬間に成年になるということです。そして，行政の一方的な判断で居場所を決めて強制的に生活させることは原則として許されません（例外的に認められているのは，精神障害者であって自傷他害のおそれがあるために強制的に入院させる措置入院（精神保健福祉法 29 条）や泥酔等していて自傷他害があるために警察官が保護する場合（警察官職務執行法 3 条 1 項 1 号）などです。）。

そのため，18 歳になってからも引き続き 3 号措置を延長する場合には，措置延長そのものについてはもちろん，財産管理の在り方や施設等のルールについても（元）子どもの同意を得て行われなければなりません[119]。

ウ　社会的養護自立支援事業・身元保証人確保対策事業

社会的養護自立支援事業は，3 号措置が解除された者や自立援助ホームによる支援を受けていた 18 歳から 22 歳に達する日の属する年度の末日までの間にある者などを対象として，3 号措置解除後も引き続き里親宅や施設などでそのまま生活を行えるようにするための支援や，そのための居住費用や生活費用の支給，さらには一人暮らしの体験などの支援を行うものです[120]。

身元保証人確保対策事業は，3 号措置がされている者や 3 号措置が解除されてから 5 年以内の者などで父母等に適当な保証人がいない場合に，児童養護施設等の施設長が，就職時の身元保証，アパート等の賃借時の連帯保証又は大学

119）浜田真樹「成年年齢引下げに伴う児童福祉分野への影響」家判 37 号 31 頁。なお，令和 4 年 3 月 2 日事務通知厚生労働省子ども家庭局家庭福祉課「民法の一部を改正する法律（平成 30 年法律第 59 号）の施行に係る留意事項（Q&A）の送付について」1 頁では「成人した入所者の意に反して措置を継続することはできない。」とされていますが，意に反しないだけではなく，入所者の積極的な同意が必要であると考えるべきです。

120）平成 29 年 3 月 31 日雇児発 0331 第 10 号厚生労働省雇用均等・児童家庭局長通知「社会的養護自立支援事業等の実施について」別紙 1（最終改正：令和 3 年 6 月 7 日発 0607 第 1 号）。

等入学時の身元保証を行うものです[121]。

　いずれも（元）子ども本人の申込みによって利用することができます。

(2)　自立支援における子どもの意見表明権の保障

　自立支援の対象となる子どもは義務教育を終了しているため，子ども一人ひとりの意見を尊重した上で，進路（進学や就職）や生活状況に応じた支援を行うことが重要です[122]。また，当然のことですが，3号措置の解除がなされた瞬間に子どもの自立に向けた能力が急激に成長するわけではありません。そのため，3号措置中の段階から自立を見据えた支援計画が立てられていなければなりませんし，その計画立案の段階では子どもの意見表明権が保障されなければなりません（前記本章第1の3(2)イ（71頁以下）参照）。

　特に，児童養護施設等は退所した子どもについて自立のための援助を行うことも目的としており（児福41条，43条の2及び44条等）[123]，里親についても3号措置が解除された後も引き続き子どもにとっての居場所となることが望ましいとされています[124]。そのため，自立支援の方向性を検討する際には，いずれの自立支援策を選択するかだけではなく，3号措置の解除後も児童相談所や里親，施設などがどのような関わり方ができるのかについても説明し，進路や生活状況に応じた支援を行えるように，子どもの意見を聴き取りながら，また，子どもと一緒に考えていくことが重要です。

第2　ケースから考える子どもの意見表明権

　ここまで，児童相談所における児童虐待対応の概要と，個々の場面における子どもの意見表明権の保障について説明してきました。それを踏まえて以下では，具体的なケースのもとで子どもの意見表明権をどのように保障すべきかに

121）前掲注120)「社会的養護自立支援等の実施について」別紙2。
122）前掲注118)「児童自立生活援助事業（自立援助ホーム）の実施について」4-5頁。
123）児童養護施設運営指針8頁。
124）里親及びファミリーホーム養育指針9頁。藤井康弘「社会的養護の実情と里親委託の推進を中心とした今後の課題」家判42号6頁では，里親家庭には受託解除後も子どもをサポートする「実家としての役割」が期待されると説明されています。

ついて筆者の考えを述べたいと思います。なお，以下の事例は全て架空の事例です。

🍀 1　事例1-1（在宅指導及び一時保護決定時における子どもの意見表明権）

> **Aさんのケース**
>
> 　11歳，小学5年生のAさん。父母とAさんの3人で生活をしている。Aさんは，学校の成績も良く，仲の良い女の子グループ5，6人でいつも楽しそうに学校生活を送っていた。
> 　ある日の放課後，Aさんは自ら児童相談所を訪ね，「お父さんにいつも怒鳴られる。」，「叩かれることもある。」，「お父さんが怖いから帰りたくない。」と訴えた(ⅰ)。
> 　しかし，児童相談所長は，Aさんに痣などがなかったことやこれまでにも相談歴等はなかったことなどから，一時保護までの必要性はないと判断して一時保護を行わないこととした。
> 　そこで，CWはAさんに「今すぐあなたを保護することはできない。お父さんに叩かれることがあるというのであれば，児童相談所としてはお父さんを指導することはできる。」と説明したところ，Aさんは「保護してくれないのであればもういい。お父さんに指導するだけで終わるなら家でもっと暴力を受けるかもしれないから何もしないでほしい。」と述べた。結果，児童相談所は，Aさんを一時保護せず，また父への指導についてもAさんの希望どおり指導しないことにした(ⅱ)。
>
> ⋯⋯⋯⋯⋯⋯⋯⋯⋯⋯⋯⋯⋯⋯⋯⋯⋯⋯⋯⋯⋯⋯⋯⋯⋯⋯⋯⋯⋯⋯
>
> 　3年後，中学2年生（14歳）になったAさんは，成績も良く，部活動にも励み，クラスメイトとの関係も良好で，教師からも模範的な生徒の一人として評価されていた。しかし，ある日，Aさんは，昼休み中に保健室を訪れ，「お父さんにハンガーで背中や足を叩かれたりする。」，「特に勉強に厳しく，夜中まで勉強をさせられ，眠くなって途中で寝てしまうと，耳元で大きな声で怒られる。」，「家に帰りたくない。」と養護教諭に涙ながら

に話し始めた。

　養護教諭は，Ａさんの同意を得て，Ａさんの背中や足を含めて全身を確認したところ，背中には比較的新しい痣から古い痣まで計約 10 か所程度の棒状の痣があり，足にも複数の痣があった。養護教諭は，これらの痣の写真を撮り，校長に報告したところ，校長は児童相談所に虐待通告した。

　校長から虐待通告を受けた児童相談所は，所内で緊急受理会議を開き，Ａさんの安全確認を行うとともに一時保護を行うことも視野に入れてＡさんから話を聴く方針を決定した。学校を訪問した CP が保健室で休んでいるＡさんから話を聞いたところ，養護教諭に話したことと同じことを話し，「家に帰りたくない。」と述べた(iii)。

　CW や CP がＡさんの意見や痣の程度について児童相談所長に報告したところ，児童相談所長はＡさんの一時保護を決定した。そこで，CW らは，「これから家に帰らずにこのまま一時保護所というところでしばらく生活をしてもらうことになる。いつ帰ることができるようになるかは分からないけど，あなたがお家で安心して生活することができるようになるまでは帰ることはできない。学校にはしばらく通えないし，スマホも使えない。一時保護所には起床時間や就寝時間などのスケジュールがあって，あなたのように家に帰れない子どもがほかにもいる。」とＡさんに説明した。するとＡさんは，「いつになったら帰れるの。」，「学校に通えなくなるなら，せめて今から教室に戻って，仲のいい友だちには事情を話したい。」と訴えた(iv)。

　しかし，CW は，「いつ帰れるようになるかは今の段階では分からない。」，「今日は早退することになるし，明日から学校を休むことは担任の先生から伝えてもらう。あなたはこのまま児童相談所に行くことになる。」と説明した。

　Ａさんは言われるがまま車に乗せられ児童相談所まで来たが，児童相談所の相談室で泣きじゃくり，一時保護所に入ろうとせず，友だちと連絡を取りたいと訴えた。

本事例では，Ａさんの小学 5 年生のときの一時保護に関する意見表明権及び

在宅支援・指導に関する意見表明権並びに中学2年生のときの一時保護開始時における意見表明権のそれぞれの保障の在り方が問題となります。

(1)　「帰りたくない。」という子どもの意見

　小学5年生のとき，Aさんは自ら児童相談所を訪れ「お父さんが怖いから帰りたくない。」との意見を表明しています(i)。子どもの意見表明権は子どもの意見内容の実現までをも保護するものではありませんが，児童相談所長は子どもの意見を正当に尊重した上で，子どもの最善の利益を第一次的に考慮して判断することが求められます（前記第1章第4の2（39頁以下）参照）。そのため，本事例のように児童相談所長が，子どもの最善の利益を第一次的に考慮して判断した結果，一時保護を行う「必要がある」（児福33条）とは認められないとして，一時保護を行わないということが起こり得ます[125]。

　しかし，この場合には「子どもの意見の内容」と「子どもの最善の利益に適う支援方針の内容」が合致しない場面となるため，児童相談所としては，一時保護を行わないとの決定をするのであれば，その判断過程においてAさんの「帰りたくない。」との意見がどのように扱われたのか，なぜAさんが希望している一時保護がなされなかったのかという理由についてAさん自身が分かるように，対話も含めたフィードバックがなされなければなりません（前記第1章第1の1(5)ウ（19頁以下）参照。対話を含めたフィードバックが子どもの意見表明権の保障という観点からだけでなく，ケースワーク上も大きな意味を持つことについて，前記本章第1の1(2)イ（54頁以下）参照）。

　なお，このとき，一時保護を行ったときのデメリット（友だちとは自由に遊べなくなる，スマートフォンも使えない，学校も行けないなど）のみを伝えて，一時保護を断念させるような説明の仕方は不適切です。このような説明は，子どもの表明する意見を一定の方向（帰宅を望む方向）に誘導するものですし（前記第1章第1の1(2)（9頁以下）参照）。その後Aさんがさらなる虐待を受けたときに，児童相談所等に対してSOSを出すことを躊躇させることにつながり

125）子どもが一時保護を求めているにもかかわらず一時保護をしないのであれば，本当に帰宅した後に虐待を受けるおそれがないのか慎重にかつ適切にアセスメントすることが必要です。筆者としては，たとえ痣がなかったとしても，小学5年生の子どもが親を理由に帰宅を拒否するのには相応の理由があると考えられますので，（早期解除も視野に入れた上で，）家庭環境の調査等を目的とした一時保護を検討すべきだと考えます（前掲注68）久保147頁参照）。

かねません。

「一時保護をしない」という決定を出したのには十分な理由があるはずですので，その点についてAさん本人が十分に理解し，納得できるように丁寧に説明することが肝要です。今回のAさんのSOSが"失敗体験"にならないよう十分にフィードバックすることが必要になります。

(2)　親への指導を拒否する子どもの意見

Aさんは，一時保護がなされないのであれば父に対する指導も行わないでほしいと述べています(ii)。帰宅後の親からの"報復"が怖いので指導をしないでほしいとの意見を聴くことは実際のケースワークにおいてもあります。

しかし，このような場合でも，児童相談所が第一次的に考慮しなければならないのは子どもの意見の実現ではなく，子どもの最善の利益です。子どもの意見を正当に尊重しなければならないことはいうまでもありませんが，子どもの希望を叶えることが子どもの最善の利益に反するにもかかわらず，子どもの希望どおりの決定をすることは許されません（前記第1章第1の1(5)ウ（19頁以下），同第4の1(1)（35頁以下）参照）。

本事例の場合では，Aさんが父からの虐待によって自宅で安心して過ごすことができていないことが疑われる以上，児童相談所としては，Aさんを一時保護しないのであれば，Aさんが安心して自宅で過ごすことができるように（Aさんが最善の利益を享受することができるように）対応することが求められます。事例内では，父に指導を行わなかった具体的な判断過程や理由は述べられていませんが，Aさんの，お父さんに指導してほしくない，という希望のみに依拠して，父への指導を控えたのであれば，それはAさんに自己責任を押し付けるものとして許されないことになります。

したがって，Aさんが自宅で安全に安心して過ごすという最善の利益を享受するためには父への指導が必要であるのであれば，Aさんの親に指導してほしくない，との意見に反して，父に指導することが児童相談所の対応として求められることになります。このときも，「子どもの意見の内容」と「子どもの最善の利益に適う支援方針の内容」が一致しない場面となりますので，指導を行う理由等に関して，Aさんに対して十分な対話を含めたフィードバックが行われなければなりません。

　そして，仮にフィードバックした際に，父への指導を行うことについて強い拒否感を示し，Ａさんがその場で自傷行為に及んだり，自宅に帰したあとで家出を図るなどの危険性が考えられるのであれば，それも踏まえた上で，一時保護をすべきかどうかについて再度検討し直す必要があります（すなわち，Ａさんの「家に帰りたくない。」との意見の"重み"を改めて考慮し直すことになります。）。このようにフィードバックは，子どもに対する説明責任を果たすためのものだけではなく，フィードバックの際の子どもの言動等を改めて把握することによって，児童相談所の判断が適切なものであったか，子どもの意見の重みの評価が適切なものであったかをその場で振り返ることができる重要な契機にもなります。

⑶　「帰りたくない。」と「一時保護をしてほしい。」との違い

　中学２年生になったＡさんは，学校に対して，父から虐待を受けていることや家に帰りたくない気持ちを訴え(ⅲ)，児童相談所長はそれを踏まえた上でＡさんの一時保護を決定しています。

　しかし，このとき注意しなければならないのは，Ａさんは「家に帰りたくない。」とは言っていますが「一時保護をしてほしい。」とは言っていないという点です。本事例では，「帰りたくない。」というＡさんの意見とＡさんの痣を確認した上で児童相談所長は一時保護の決定を行っていますが，これではまだ，一時保護を行うことについてのＡさんの意見を聴取できていないと思います。

　子どもの最善の利益を第一次的に考慮する際に明らかにしなければならない「子どもの意見」とは，子どもに対する十分な情報提供を行った上で，不当な影響が及ばない態様で聴き取られた"具体的な支援方針"についての子どもの自由な意見です。したがって，本事例においても，"一時保護を行うこと"についてのＡさんの意見を聴取しなければなりません。そして，そのためには，一時保護の目的や期間，一時保護した場合に生活することとなる一時保護所の環境や一時保護所における生活，一時保護所でのルールや学校への通学，保護者や友人との面会の可否，一時保護後の見通し等について，あらかじめ，丁寧な説明を行うことが必要です（前記本章第１の２⑵ア（58頁以下）参照。また，意見聴取等措置の意見聴取の内容について後記第３章第１の２（110頁以下）参照）。

　このような説明とそれを踏まえた上で子どもからの意見聴取がなされない

と，一時保護の後に「こんなはずではなかった。」との思いが込み上げ，一時保護所内での不適応等につながるリスクとなってしまいます。そして，自分の人生を歩くことが難しくなっていきます。

(4) 一時保護される前に友だちと話したいという子どもの意見

　本事例では，一時保護所に入ってしまうと自由に友だちと連絡を取ることができないと知ったＡさんは，一時保護の執行直前に，「学校に通えなくなるなら，せめて今から教室に戻って，仲のいい友だちには事情を話したい。」と訴えましたが(iv)，CW はこれを許可しませんでした。そして，児童相談所に着いた後も，Ａさんは友だちに連絡をしたいと泣きじゃくって一時保護所への移送ができなくなっています。児童相談所長が一時保護を行うことを決定したものの円滑に執行できないということは，実際の児童相談所の現場においても生じることがあります。

　意見表明権は子どもの希望を実現することまでをも保障するものではありませんが，本事例では，本当に一時保護の前にＡさんが友だちと会うことはできなかったのでしょうか。子どもの意見を正当に尊重した上で，子どもの最善の利益に適うケースワークを考える必要があります（児福２条１項）。

　例えば，Ａさんの一時保護が執行される直前の段階でＡさんが友だちに連絡を取ることによって一時保護の実施やその後のケースワーク等に具体的な支障を来すおそれがないのであれば（Ａさんの最善の利益に反することにならないのであれば），Ａさんの意向に沿った対応を採ることが適切だと考えます。Ａさんが友だちに学校を欠席する理由まで含めて伝えることが適切でないのであれば，「明日からしばらく学校には行けなくなるけど心配しないでね。」程度のことを伝えることは認められる場合もあるのではないでしょうか[126]（子どもの意見内容を出発点として支援方針を考える方法について前記第１章第５の１（42頁以下）参照）。

　このような対応をすることでＡさん自身が少しでも前向きに一時保護と向き

126）栄留里美ほか『子どもアドボカシーと当事者参画のモヤモヤとこれから 子どもの「声」を大切にする社会ってどんなこと？』（明石書店，2021）37頁では，お別れ会や報告もなく，友だちに「バイバイ」も言えずに突然一時保護所に連れて行かれた当事者の声などが紹介されています。

合うことができるようになる可能性もありますし，そうすることによって，児童相談所としても，その後の一時保護中におけるＡさんの観察や心理検査等をスムーズに行うことができるようになることもあります。また，仮に，Ａさんの希望が叶わなかったとしても，希望が通らない理由を丁寧に説明していくことは，Ａさんの納得度を高めることにつながると考えます。

🍀 2　事例1−2（一時保護中，3号措置の方針決定及び28条審判における子どもの意見表明権）

Ａさんのケース

　父母と3人で生活していた中学2年生（14歳）のＡさんは，ある日，学校の昼休み中に保健室を訪れ，「お父さんにハンガーで背中や足を叩かれたりする。」，「特に勉強に厳しく，夜中まで勉強をさせられ，眠くなって途中で寝てしまうと，耳元で大きな声で怒られる。」，「家に帰りたくない。」と養護教諭に父からの身体的虐待及び心理的虐待を訴えた。実際に，Ａさんの背中には比較的新しい痣から古い痣まで計約10か所程度の棒状の痣があり，足にも複数の痣があった。Ａさん自身も帰りたくないとの意向を示したこともあり，児童相談所長は，Ａさんの一時保護を決定した。

・・

　一時保護されたＡさんは，その後も自宅には帰りたくないと訴え続けている。しかし，一時保護所のルールについて不満を漏らすことが多くなり，特に来年高校受験を控えるＡさんは，学校に登校できないことについて不満と不安を漏らしていた(i)。

　また，父はCWとの面接になかなか応じず，ようやく面接ができても「勉強に関してはきっちりと躾けるのが我が家の方針。Ａ自身が医者になりたいと言っているので，それ相応の勉強をさせる必要がある。勉強しないのであれば体罰を用いるという考えは変わらない。勉強以外のことで大声を出したり叩いたりはしていない。一時保護所にいると学力が下がる。学習環境の保障もどうなっているか分からない一時保護所や施設でＡを生

活させるわけにはいかない。一日でも早くAを返せ。」とCWにすごんでいた。

　他方でAさんは、いまだに学校に通えていないこともあり、「このまま措置されて元の学校にも戻れず、友だちにも会えないのであれば、叩かれるのは嫌だけど、家に帰る方がいいような気もする。家に帰りたい気持ちが7割くらい。」と漏らすようになっていた(ii)。

　以上の経過のもと、児童相談所長は、今後Aさんの高校受験に向けて父はさらにAに対して厳しく接する蓋然性が高く、さらに重度の虐待に発展する可能性があること、児童相談所の指導に父が従う様子はないこと、小学生時代にも父のAに対する虐待通告があること、母は父を止めることができず他に頼れる親族もいないこと等を考慮し、Aさんの意見を考慮したとしても家庭復帰は適切でないとして、Aさんについて3号措置の方針を採ることを決定した。

　しかし、父母はAさんの3号措置に反対したことから、児童相談所長は28条審判の申立てを行うこととした(iii)。

　本事例では、一時保護されたAさんの一時保護所から通学したいとの意見表明権、3号措置に関する意見表明権及び28条審判手続における子どもの意見表明権それぞれの保障の在り方が問題となります。

(1)　一時保護所中に通学したいという子どもの意見

　Aさんは、来年に受験を控えているということもあり、一時保護されている状態であっても原籍校に通いたいとの意見を表明しています(i)。

　通学の可否も一時保護に関するルールといえます。そして、通学（学習権）という子どもの権利を制限する根拠は、子どもの最善の利益から導かれなければなりません。そのため、通学を制限する一時保護中の処遇については、通学を制限する目的（理由）自体に合理性があって、その目的を達成するための手段として通学そのものを制限することが合理的なものであることが必要です（前記本章第1の2(2)イ（62頁以下）参照）。単に「一時保護所のルールだから」という理由では不適切であることは当然ですし、目的やその手段に合理性がないのであれば、ルールそのものの見直しを検討すべきです[127]。

　一時保護ガイドラインにおいても，特に通学の制限は子どもの安全が図られ，かつ一時保護の目的が達成できる範囲で必要最小限とすることや，可能な限り通学を認めることが望ましいとされています[128]。

　本事例では，Ａさんの通学が制限されている理由は記載されていませんが，例えば父からの連れ戻しの危険性が具体的に想定され，学校の協力等があってもそのリスクを軽減させることができない場合や，一時保護所と原籍校との距離が遠く物理的に送迎ができない等の理由があるのであれば，Ａさんの通学を制限することは仕方ないかもしれません。しかし，その場合であっても，なぜＡさんの「学校に通いたい。」という意見が実現しないのかについてＡさんが十分理解できるように説明をしなければならないことはこれまでも繰り返し述べてきたとおりです[129]。

　なお，一時保護所におけるルールについても，「その他の措置が採られている児童…（中略）…の当該措置における処遇に係る意見」（改正児福6条の3第17項）として，意見表明等支援事業の対象となると考えられます（後記第3章第2の2(1)（123頁以下）参照）。

(2)　3号措置よりも家庭復帰を希望する子どもの意見

ア　児童相談所長の決定とその判断過程

　家庭復帰とするか3号措置を行うかは，Ａさんに大きな影響を及ぼす事項であるため，援助方針会議に先立って，Ａさんの意見を聴き取り，その意見について児童相談所長は正当に尊重した上で，Ａさんにとって最善の利益に適う支援方針が何かを決定しなければなりません。児童相談所長の最終的な決定内容がＡさんの意見と異なること自体については問題ありませんが，その判断過程

---

127)　三菱UFJリサーチ＆コンサルティング「一時保護所の実態と在り方及び一時保護等の手続の在り方に関する調査研究　報告書」（2021，令和2年度子ども・子育て支援推進調査研究事業）85頁によれば，一時保護された子どもについては「通学はしない」と回答した児童相談所が56.8％と最も多く，「通学させる」と回答した児童相談所はわずか2.7％にとどまっていますが，「必要に応じて通学・原籍校の授業を受けることを検討する」との回答も40.5％あります（n=111）。
128)　一時保護ガイドラインⅡ3(2)（8頁）及びⅡ4（11頁）。
129)　前掲注127)三菱UFJリサーチ＆コンサルティング85頁によれば，児童相談所が通学を制限する理由として，管内が広く物理的に送迎が困難であること，登校することによって保護者による連れ戻しの危険があること，送迎に十分な人員配置ができないこと及びアセスメントに支障が出ることなどが挙げられています。

においてＡさんの意見が正当に尊重されたこと及び決定後の対話を含めたフィードバックが重要となることはこれまでも繰り返し述べてきたところです（前記第1章第1の1(5)ウ（19頁以下）参照）。

　この点に関して，Ａさんは家庭復帰への希望が「7割くらい。」であると述べています(ii)[130]。他方で，児童相談所は，勉強しないのであれば体罰を用いるという父の考えが改まらないこと，高校受験を控えるＡさんに対して父は今後さらに厳しい態度で接する蓋然性が高いこと，母も父を制止することができないこと及び他に頼れる親族もいないことなどを理由に，「家に帰りたい気持ちが7割。」というＡさんの意見を正当に尊重したとしても，3号措置がＡさんにとって最善の利益に適う支援方針であると判断しています。

　Ａさんに対して説明をする際には，このような判断過程を含めて，Ａさんの希望が叶わない理由についてＡさんが理解・納得できるように丁寧に説明することが必要です。

イ　措置先に関する子どもの意見

　また，Ａさんの具体的な措置先についても言及しておきたいと思います（実務においては，3号措置の適否を検討をする際には具体的な措置先も一緒に検討することが多いですが，本書では説明の便宜上，これらを分けて説明します。）。

　Ａさんは父に叩かれる環境にある自宅を決して心地良いものだとは思っていません。「叩かれるのは嫌。」と言いながらも「家に帰りたい気持ちが7割。」との意見を表明したのは，元の学校に通うことができず，友だちと会うことができないことが理由です。そこで，家庭復帰ができないとしても，Ａさんの「元の学校に通いたい。友だちと会いたい。」という意見（気持ち）を実現できるような3号措置を行うことができないか検討します。

　一言で3号措置といっても，里親かファミリーホームか児童養護施設か児童心理治療施設か児童自立支援施設か，その措置先は様々ですし，さらに児童養護施設と決まったとしても児童養護施設も様々です。また，施設の空き状況もその時々で変わります。本事例では，各種診断の内容等が不明であるため，心

---

130)「『1から10まで』だったらどれくらい？」という聞き方や，紙に1から10まで書いた数直線を子どもに示して今の気持ちがどこにあるかを線や丸で書いてもらうといった手法はよく用いられます（スケーリング・クエスチョン）。

理治療が必要な状態なのかどうか分かりません。仮に里親又は児童養護施設への措置が検討される場合には，まずはＡさんに対して里親や児童養護施設についての説明を行った上で，Ａさんの意見（希望）を聴き取る必要があります。

　Ａさんに対する説明の際には，施設であれば措置先の候補となる施設のパンフレットやホームページを用いて，里親等であれば家族構成や里親宅の間取り，ペットの有無なども含めてＡさんが具体的に3号措置後の生活をイメージできるように説明する必要があります（前記第1章第1の1(1)ウ及び(2)（7頁以下）並びに前記本章第1の3(2)（69頁以下）参照）[131]。特に，子どもによっては「里親か施設か」という選択肢よりも，3号措置がなされた後の生活がどうなるのか（例えば，スマートフォンは使用できるのか，個室なのかなど）に重きを置く子どももいますので，一人ひとりの子どもの関心事を把握した上で説明する必要があります。

　例えば，Ａさんが「里親か施設かはどっちでもいい。転校せずにそのまま元の中学校に通えることが一番。」と話した場合，まずはそのような措置先が（空き状況等も含めて）存在するのか，また，仮に候補としてそのような措置先があったとしても，当該措置先に実際にＡさんを3号措置とすることがＡさんの最善の利益に適うのかについて判断する必要があります。具体的には，Ａさんに対するケアやＡさんが生活する上で適切な環境を当該措置先に3号措置することによって実現できるのか，自宅と同じ校区で生活することのリスクはどうか，近隣校区であれば当該措置先から区域外通学が可能なのかなどを検討することになります。仮に，3号措置先の候補として自宅と同じ校区の児童養護施設が見つかったとしても，自宅から近いために保護者による連れ戻しの危険性が高く，面会通信制限や接近禁止命令等によっても，そのリスクを軽減することができないと判断した場合には，その旨をＡさんに説明した上で，他の候補を探すことも考えられます。

　このようにＡさんに対する丁寧な説明と聴き取りを繰り返し行って，Ａさんと一緒に措置先を考えていくことで，Ａさんは「これから自分が生活する場所を自分でしっかり考えることができた。」との想いを持つことができます。ま

131）一時保護ガイドラインⅤ6(2)（43-44頁）。

た，仮に，3号措置をしたとしても原籍校に登校し続けることができるのであれば，結果的に「家に帰りたい気持ちが7割。」との気持ちも変化するかもしれません。しかし，この時に気を付けなければならないのは，たとえAさんにこのような変化が生じたとしても，それはあくまで結果に過ぎないということです。Aさんに対して繰り返し行う説明と聴き取りは，Aさんが自由に意見を表明するための前提となる情報提供として行うものであって（前記第1章第1の1(1)ウ（7頁以下）），子どもの意見を変化させる（又は一定の結論に導く）ことを目的に行うものではありません。子どもにはあくまで，誘導や誘惑を含めて不当な影響等を受けることなく「自由に」自分の意見を表明する権利が保障されなければなりません（前記第1章第1の1(2)（9頁以下）参照）。

(3)　子どもの意見から考える子どもの最善の利益に適う支援方針

　前記第1章第5の1（42頁以下）では，以上のようなケースワークについて「子どもの意見表明権の保障から出発する子どもの最善の利益」と大げさな表題を付けました。しかし，このような考え方は何も特別又は特殊なものではなく，意識的又は無意識的に，（部分的であったとしても）同様のこと又は近しいことを実践している児童相談所やCWもある（いる）のではないでしょうか。それでも，あえてこのような大げさな表題を付けたのは，このようなケースワークの進め方や考え方こそが，「子どもの意見」を出発点にするという考え方であり，そのような考え方を改めて意識して行うことが重要であると考えたからです。

　なお，本事例では，（説明の便宜上，）Aさんの3号措置を行うという支援方針が固まった上で，3号措置の具体的な措置先を検討する段階についての説明をしました。しかし，意見表明権の保障から出発するこのようなケースワークは，本来，もっと前の段階から行われる必要があります。

　例えば，Aさんは父に叩かれるのは嫌だと言っていますが，Aさんにとって今の家の嫌なところ，良いところ，そして理想の家庭はどういうものなのかなどについて確認します[132]。Aさんの今後の希望として，「お父さんが殴らないこと」や「お母さんがちゃんと守ってくれること」という項目があった場合，

132）具体的な手法としては，前掲注45）Nickiほか編著や菱川ほか編著参照。

児童相談所としても，このような希望が実現することがAさんにとっての最善の利益に適うと判断するのであれば（本事例の場合，このようなAさんの希望内容は児童相談所としてもAさんの最善の利益に適うと判断することになるでしょう。），Aさんの希望が叶うようにケースワーク（父母への指導等）を行うことになります。しかし，本事例では，父母には改善意欲がなく指導がなかなか奏功しません。

　そこで，CWは可能な範囲で現在のケースワークの進捗状況をAさんに伝えます（一時保護が長引くことが予想される場合には，一時保護は原則として2か月以内であることを改めて説明した上で，家庭環境が改善しない場合には一時保護を延長することや，一旦里親宅や施設で生活する可能性もあることも説明します。）。そして，その状況を踏まえた上で，Aさんが望む100％の家庭環境が実現しない場合には，次の候補として，どこでどういうふうに生活したいかを聴き取ります。親族宅という候補が出てくるかもしれませんし，施設に行きたいと言うかもしれませんし，我慢して家で生活すると言うかもしれません（本事例では，Aさんは結果的にこれに近い意見を表明しました。）。児童相談所は，このように聴き取ったAさんの希望が仮に実現した場合，Aさんの最善の利益に適う支援方針を立てることができるのかを判断し，最善の利益に適うのであればその方向でケースワークを進め，最善の利益に適わないのであれば異なる方針となることについてAさんに丁寧に説明し，再度意見を聴き取っていくことになります。

　CWやCPとしても根気のいるケースワークになるかもしれませんが，子どもの意見表明権を保障するために，また子どもの人生を決めるという重要な児童相談所業務においては，すべからく行われるべき重要な過程だと考えます。

(4)　28条審判手続における子どもの意見

　本事例では，父母がAさんの3号措置に反対したことから，児童相談所長は28条審判の申立てを行っています(iii)。

　Aさんは15歳未満であるため，家事事件手続法236条1項の適用はありませんが，裁判所は，家事事件手続法65条により，Aさんの意思を考慮しなければなりません（前記本章第1の4(2)ア（72頁以下）参照）。例えば，調査官調査として，調査官がAさん本人と面接を行い，28条審判手続について説明す

るとともに，今後の生活場所に関するＡさんの意向を聴き取ることがあります。さらにＡさんが利害関係人として手続に参加することによって，主体的に28条審判手続に関わることもできます（家事42条，235条）。この場合，Ａさんには自ら手続代理人を選任することが認められており（家事23条1項，2項），その場合，子どもの手続代理人は条約12条2項の「代理人」としての役割を果たすことになります（前記本章第1の4(2)ア（72頁以下）参照。また，「代理人」については前記第1章第2の1(3)（25頁以下）参照）。

　Ａさんに手続代理人が選任された場合，Ａさんは代理人を通じて自分の意見を審判の場で表明することができますし，自分の気持ちをまとめた手紙などを代理人を通じて審判の資料として提出することなどが可能となります。なお，仮にＡさんが希望して手続に参加し，さらに代理人を付けた場合であったとしても，Ａさんには自由に意見表明する権利だけでなく，「意見表明しない権利」も保障されなければならない点に留意する必要があります（前記第1章第1の1(2)（9頁以下），コラム2（48頁）参照）。

🍀 3　事例2（児童相談所の決定を不服とする子どもの意見表明権）

> ### Ｂさんのケース
>
> 　12歳，小学6年生のＢさん。母とＢさんの2人で生活をしている。
>
> 　Ｂさんは小学2年生の時にADHD（注意欠陥・多動性障害）の診断を受け，薬が処方されている。しかし，薬の副作用として食欲減退や不眠が生じるときがあり，母から薬を飲むように言われても，母に見つからないように薬を飲まずに勝手に廃棄していることがある。
>
> 　Ｂさんは小学4年生の頃から同級生とのケンカや教師に対する暴言，授業中の教室からの飛び出しなどがエスカレートし，母は毎月のように学校から呼び出されていた。さらにＢさんは母に対しても暴言を吐き，暴力を振るうようになり，程度も徐々に激しくなっていった。この頃から母は児童相談所に相談するようになり，CWはその都度，Ｂさんに対して指導を行っていた。

　Bさんからの暴言や暴力に対して，母は当初Bさんに対して同じように暴言や暴力で返していたが，徐々にBさんに力で敵わなくなり，最近では，一方的に母が暴力を振るわれることが多くなっていた。CWやCPは，1〜2か月に1回程度母及びBさんと面接し，Bさんに対して繰り返し指導をしていたが，Bさんの母に対する暴言・暴力は収まることはなかった。

　このような状況が続き，母はとうとう，Bさんを一時保護してほしいと児童相談所に訴えるようになった。そこで，CWは，Bさんに対しては，薬を服用することや母に対して暴力を振るわないことなどを内容とした指導を，母に対しては，Bさんの服薬管理をすることやBさんに対して暴力を振るったり暴言を吐かずに距離を取るようにすることなどを内容とした指導をそれぞれ2号指導措置として行うとともに，Bさんに対しては，今後，母に暴力を振るった場合には一時保護をせざるを得ないことも伝えた。しかし，Bさんは「お母さんが悪いんだ！　こんな指導なんか従わない!!!」と叫んだ(i)。

　その後，当該指導から2週間もしないうちに，母から宿題をするよう言われたBさんは，学校で使っていた彫刻刀を持ち出して，母に対して「殺すぞ，ババア！」と脅し，さらには母の足や腹を蹴った。母は，Bさんの養育は限界だと感じ，警察と児童相談所に連絡し，その日のうちにBさんは一時保護された。

　Bさんは一時保護によって一時保護所に入る時には落ち着いていたが，一時保護2日目の昼に，一時保護所内で「家に帰せ!!」と叫んで，暴れた(ii)。

　CWやCPは，現状では家に帰すことができないことを説明したが，Bさんは納得できず，一時保護に対して不服申立てをしたいと述べた(iii)。

　本事例では，Bさんに対する2号指導措置及び一時保護の決定に対する意見表明権の保障の在り方が問題となります。

(1)　2号指導措置の決定に不満を持つ子どもの意見

　本事例では，母だけでなくBさん本人に対しても2号指導措置が行われてい

ます。児童相談所としては，これまでも定期的に母やBさんに対して（措置によらない）指導を行っていたものの，事態は改善するどころか悪化しているため，より強力な措置による指導に切り替えました。しかし，Bさんは，悪いのは母であるとして2号指導措置に対して不満を訴えています(ⅰ)。

　2号指導措置もBさんの最善の利益を第一次的に考慮して行われなければなりませんし，そのためにはBさんの意見表明権が保障されていなければなりません（前記第1章第4の2（39頁以下）参照）。したがって，CW等はBさんに対して，まずは2号指導措置についての説明を行う必要がありますが，「措置による指導に切り替える」と言ってもBさん本人がその意味を理解することは難しいでしょう。そのため，どのような理由で，どういう目的でどういう指導を行おうとしているのかをBさん本人が理解できるように説明する必要があります。

　例えば，児童相談所としては母とBさんが自宅でお互いが安心して生活できるようになってほしいと考えていること，しかし家でBさんが母に暴力を振るうことで母がしんどい思いをしていること，これ以上Bさんの暴力が続くと母が限界を超えてしまうことなどについて説明します。また，Bさんは，母が悪いと訴えていますので，Bさんだけでなく，母に対してもBさんに暴力を振るったり暴言を吐いたりせず，またBさんが薬をきちんと飲めるように協力することを内容とする指導を行うことについても伝えることになると思います。また，このようなBさんに対する説明の際には，必要に応じて，母に同席してもらうことも考えられます。そして，そのような説明を行った上で，2号指導措置に対するBさんの意見を正当に尊重し，2号指導措置を行うかどうか，行うとしてその指導内容をどうするかについて検討します（意見聴取等措置は2号指導措置の際にも適用されます。後記第3章第1の3（113頁以下）参照）。

　一方的にBさんに指導を言い渡すのではなく，その理由や目的を説明し，Bさんの意見を受け止め，疑問に答えながら丁寧に説明することによって，Bさんの納得度も高まり，それが指導の効果にも影響すると考えます。

(2)　一時保護の決定に不満を持つ子どもの意見

　その後，Bさんは一時保護されましたが，Bさんは一時保護の決定処分に対して不満があり，家に帰りたいと訴えています(ⅱ)。前記本章第1の2(1)ア（55

頁以下）で述べたとおり，一時保護は毅然と行われなければなりませんが，一方で，一時保護に対して子どもが否定的な意見を持つ場合もあります[133]。

　そもそも一時保護を行う際には，子どもに対して，一時保護の理由や目的，予定されるおおむねの一時保護期間，一時保護期間中の生活等について丁寧な説明がなされなければなりません（前記本章第1の2(2)ア(イ)（59頁以下）参照）。Bさんに対しては，在宅での支援の中で2号指導措置がなされており，その際には，母への暴力が続く場合には一時保護をすることも伝えていますが，実際に一時保護を行う際にも，再度丁寧な説明をすることが求められます（意見聴取等措置について後記第3章第1（109頁以下）参照）。

　そして，Bさんは，一時保護の初日こそ落ち着いていましたが，2日目の昼には，「家に帰せ！」と大きな声を出して暴れる等して一時保護に対する不満を表明しています。このようなとき，CWをはじめとする児童相談所職員は，Bさんを落ち着かせた後，改めて一時保護に至った理由や目的などを説明することになるかと思います。一時保護されたくない，家に帰りたいとのBさんの意見をしっかりと把握した上で，まだ一時保護を解除することができないと判断した場合には，そのように判断した理由や，Bさんの意見がどのように扱われたのかについてのフィードバックを行うことになります。

　実際には，そのようなフィードバックによって納得する子どもは多くないかもしれませんが，納得するしないにかかわらず，（子どもの意見と児童相談所の判断が異なった場合には特に）説明は丁寧に行うべきです。また，その際には，一時保護の決定に対して審査請求を行うことができることや，その手続について改めて説明すべきです（前記本章第1の2(2)ア(ウ)（61頁以下）参照）。

(3)　一時保護決定に対して審査請求をしたいという子どもの意見

　審査請求についての説明を受けたBさんは，自ら審査請求を行いたいと述べています(iii)。しかし，Bさんは審査請求申立書に何をどのように書くべきか分からないと思いますし，そもそも審査請求申立書の存在すら知らないことが通常だと思います。この点，「審査請求…（中略）…につき裁決，決定…（中略）…をする権限を有する行政庁は，不服申立てをしようとする者又は不服申立て

---

133)　一時保護ガイドラインII 2(1)（4頁）。

をした者の求めに応じ，不服申立書の記載に関する事項その他の不服申立てに必要な情報の提供に努めなければならない。」（行審84条）とされていますので，当該行政庁は，一時保護されている子どもに対して，必要な情報を提供する必要があります。

　児童相談所としては，子ども本人が一時保護の決定に対して審査請求を申し立てることに違和感をもつかもしれません。仮に子ども本人による審査請求が行われた場合には，子どもの行動観察やアセスメント等に支障が生じる可能性も十分考えられますし，ケースワーク上も様々な配慮が求められるかもしれません。しかし，子ども本人による審査請求が認められている以上，子どもに対して審査請求を断念させるような働きかけは不適切だと考えます。

　なお，Ｂさんが審査請求を申し立てた場合には，Ｂさんの一時保護がＢさんの最善の利益に適う支援方針だったか否かは審査庁が判断することになりますが，当該審査請求手続の中においてもＢさんの意見表明権は保障されなければなりません（前記第1章第2の1(1)（24頁）参照）。

❀ 4　事例3（3号措置中及び自立支援における子どもの意見表明権）

Ｃさんのケース

　15歳，中学3年生のＣさん。

　父母とＣさんの3人で生活していたが，Ｃさんが学校で，父からの身体的虐待と母からの心理的虐待を訴え，「帰りたくない。」と述べたこともあり，一時保護となった。Ｃさんの一時保護後，父母はＣさんのことを気に掛けることがなくなり，CWとの面接等にも応じず，3号措置の同意書や予防接種の委任状の作成をした上で，「Ｃが持っているスマートフォンは，Ｃが希望するならお金はこちら（保護者）が払うので自由に使わせてやってください。高校進学を目指しているようですが，その後の進路等については興味ありません。どこの施設に行くのかも興味ありませんし，あとはそっち（児童相談所）で勝手にＣを育ててください。」とＣさんを突き放した。

　その後，Cさんは児童養護施設に3号措置されたが，転校後の新しいクラスになかなか馴染めないことや他の入所児童は父母との交流も定期的に行われているのに対して，Cさんの父母はCさんのことを気に掛けてくれないこと等から，Cさんは施設で生活する中で急に寂しくなって涙を流す様子も見られた。そんな状況においてCさんは，施設職員に対して「スマートフォンを使いたい。（遠方に住んでいる）おばあちゃんとLINEをしたい。」と希望した(i)。しかし，Cさんが生活している児童養護施設では，スマートフォンを使えるのは高校生以上とのルールがあった。

....

　3年後の夏。高校3年生（18歳）となったCさんは，措置延長がなされ，当初入った施設で生活しながら進学先の高校に通っている。Cさんは，学校での成績も優秀で，奨学金での大学進学を目指していた。また，施設での生活に大きな不満などはないものの，一人暮らしに憧れを持っており，大学受験が終わると同時に一人暮らしをしたいと希望を漏らしていた(ii)。

　施設としても，高校時代に貯めていたアルバイト代や複数の奨学金により，経済的には一人暮らしができるだろうと考えていた。しかし，Cさんは毎月渡しているお小遣いの金銭管理も十分でなく，洗濯や掃除等の家事も職員による指摘がないとおろそかになりがちであったことから，大学受験後もしばらくの期間，施設の中で自立のための支援を行う必要があると考えていた。

　このような施設の指摘についてCさんも理解してはいるものの，一人暮らしの希望は依然として強いままであった。

(1)　施設内でスマートフォンを使いたいという子どもの意見

　(i)のような「スマートフォンを使いたい。」という子どもの声は，児童養護施設だけでなく一時保護所などでも多く聞かれます。しかし，Cさんが措置されている児童養護施設においては，スマートフォンの利用は高校生以上に限られています（そのような運用に関する留意点については，前記本章第1の3(2)ア（69頁以下）参照）。

そもそも，施設におけるルール（特に子どもの権利や自由を制限するもの）は子ども本人や他の入所者や職員を守るため，または施設や里親宅における養育が適切に行われるための必要最低限のものでなければなりません。本事例において，施設がスマートフォンの利用を高校生以上に限定している理由は分かりませんが，新しいクラスに馴染めず，さらには他の入所児童が親と交流している様子を見て寂しいと訴えているＣさんのスマートフォンを使って「おばあちゃんと LINE をしたい。」との意見は正当に尊重されなければなりません。

仮にＣさんの希望が100％叶わない場合には，丁寧なフィードバックが必要であることはこれまで述べてきたとおりです。また，Ｃさんの希望を叶えることができないと判断した場合でも，条件付きでの利用やＣさんの私物以外の通信機器，例えば施設が保管しているタブレットを利用するといった別の方法でＣさんと祖母が気軽にコミュニケーションをとれる方法が無いか等について，Ｃさんの優先順位を聴きながら一緒に検討すべきです（前記第1章第5の1（42頁以下）及び本章第2の2(3)（96頁以下）参照）。また，その際には一つずつ丁寧なフィードバックを行う必要があります。

(2)　早く一人暮らしがしたいという子どもの意見

中学校を卒業したＣさんは，そのまま施設での措置が続けられ，Ｃさんが18歳になった後も措置延長（児福31条2項）がなされています[134]。

前記本章第1の6(1)イ（83頁以下）で述べたとおり，措置延長そのものについては当然のことながら，措置延長後の施設におけるルールの設定等もＣさんの同意の下で行われなければなりません。そのため，施設としては大学受験後もしばらく措置延長のもとで自立のための訓練を行った上で自立を行うべきであると考えていたとしても，Ｃさんが一人暮らしを希望し(ii)，措置延長を拒否するのであれば，Ｃさんを無理やり施設にとどめておくことはできません。

しかし，このままでは例えば，Ｃさんは奨学金を浪費してしまって生活ができなくなったり，掃除や洗濯が十分にできずに不衛生な環境で生活することに

134）総務省行政評価局「要保護児童の社会的養護に関する実態調査結果報告書」（令和2年12月）40頁によれば，平成30年度末において中学卒業時も引き続き3号措置が継続された子どもは87.6％であり，高校卒業時においても引き続き3号措置（措置延長。児福31条2項）が継続された子どもは23.5％となっています。

なってしまうことが危惧されます。「成人になった以上は自己責任。」と言えばそれまでですが，やはり，これまで生活をともにし，Cさんを支援してきた施設としても，そのような状況に陥ってほしくないと考えるでしょう。

そこで，施設の指摘する課題をCさん本人が理解しているという強みを活かし，この段階で改めて自立支援計画をCさんとともに作成することが望ましいと考えます。頭ごなしにCさんの一人暮らしへの希望に反対するのではなく，Cさんの一人暮らしへの憧れについても共感を示しつつ，現実に一人暮らしをするとなったときにどういう問題が生じるのか，その問題を克服するためにはどういう能力が必要なのか，施設としてCさんがこのまま自立した場合にどういう点に不安があるのか，その不安の払拭のために施設として措置（延長）中にどのような支援ができるのかなどを説明します。さらには，自立（一人暮らし）後も社会的養護自立支援事業を利用して生活相談等を行うことなども可能であることを説明した上で，自立までの道筋や自立後に利用できる支援策等をCさんと一緒に考えます。

Cさんの高校卒業まで半年以上残っていますので，自立支援計画に基づく支援を行いながら，現在の課題が克服できたり，又は新たな課題が出てきたりした場合などには，適宜Cさんとともに自立支援計画の見直しを行います。3号措置の解除がなされるまでの支援の在り方，さらには3号措置解除後の見通しをCさんと共有しながら，支援を行っていくことが重要だと思います。

コラム3　司法審査と子どもの意見表明権

改正児童福祉法では，一時保護開始時の判断に関する司法審査の導入が盛り込まれました。概要は，原則として児童相談所長等は一時保護を行った際に7日以内（又は一時保護を行う前）に裁判官に一時保護許可状を請求しなければならないというものです（改正児福33条3項）。

同項は，条約9条1項の「締約国は，児童がその父母の意思に反してその父母から分離されないことを確保する。ただし，権限のある当局が司法の審査に従うことを条件として適用のある法律及び手続に従いその分離が児童の最善の利益のために必要であると決定する場合は，この限りでな

い。」（政府訳）という規定や，国連子どもの権利委員会から日本政府に対して一時保護に司法審査を導入することの要請[135]を受けて改正されたものです。筆者としても，一時保護という子ども及び親権者の権利を大きく制限する行政処分の適否について裁判所が審査することは必要なことだと考えます。

　他方で，親権者等が一時保護に同意している場合などには一時保護許可状の手続は不要とされています（改正児福 33 条 3 項各号）。一時保護によって親権者の権利が制限されることに異論はありませんが，やはり，一時保護によって最も影響を受け，最も権利が制限されるのは子ども本人です。また，一時保護は，虐待事案だけでなく，前記第 2 章第 2 の 3 の事例 2 （98 頁以下）のように，親権者が一時保護を希望し，子どもが一時保護を拒絶するような事案でも行われます。

　そうすると，たとえ親権者が同意していたとしても，子どもが拒否しているような場合も司法審査の対象とすべきであると考えます[136]。

　条約 9 条 2 項も，「すべての関係当事者は，1 の規定に基づくいかなる手続においても，その手続に参加しかつ自己の意見を述べる機会を有する」（政府訳）と規定し，条約 12 条の意見表明権に加え，親子の分離の際にはその手続に「参加」する機会の保障を規定しています。しかし，今回の改正では，一時保護の決定に際しての子どもの意見表明権が保障されたとしても（改正児福 33 条の 3 の 3），手続の参加までは保障されていません。

　また，このような点は，児童福祉法 33 条 5 項（改正児福 33 条 14 項）や児童福祉法 28 条 1 項に基づく審判（以下，本コラムにおいて「33 条審判等」といいます。）においても同じ問題点があります。

---

135) Committee on the Rights of the Child (2019) "Concluding observations on the combined fourth and fifth periodic reports of Japan" (https://www.nichibenren.or.jp/library/ja/kokusai/humanrights_library/treaty/data/soukatsu_en.pdf) para.29.　日本語訳として，子どもの権利条約 NGO レポート連絡会議訳（2019）「日本の第 4 回・第 5 回統合定期報告書に関する総括所見」(https://www.nichibenren.or.jp/library/ja/kokusai/humanrights_library/treaty/data/soukatsu_ja.pdf) パラグラフ 29 参照。
136) 社会保障審議会児童部会社会的養育専門委員会でも同様の意見が出されています（前掲注 84)「令和 3 年度社会保障審議会児童部会社会的養育専門委員会　報告書」23 頁）。

　（少し小難しい法律論になりますが）そもそも 33 条審判等は児童相談所長と親権者等との対立構造ではなく，児童相談所長が親権者等の意に反して子どもに対して 2 か月を超えて引き続き一時保護を行うこと（以下，本コラムにおいて「一時保護の延長」といいます。）や 3 号措置することが「公益に関するため，家庭裁判所が国家の後見的な立場から関与する」[137]という性質の家事事件手続法別表第 1 事件に分類されているものです（改正家事別表 1 の 127 項から 128 項の 3 ）。

　すなわち，親権者等が反対している場合に，それでもなお一時保護の延長や 3 号措置をすることが子どもの福祉に適うのかどうかを裁判所が後見的に判断するというものです。

　しかし，33 条審判等が「家庭裁判所が国家の後見的な立場から関与する」という性質の手続であるにもかかわらず，当該手続の要否は，親権者等の意に反しているか否か，すなわち親権者等の意向に委ねられています。子どもの意向は関係ありません。親権者等の意に反してさえいなければ，いくら子どもが反対していたとしても，裁判所が後見的に判断しなくても，児童相談所長による一時保護の延長や施設入所が認められることになります。このような制度設計は，親権者等の権利と比較して子どもの権利（意見）を軽視又は無視しているものであり，著しく均衡を失しています。

　子どもにとって極めて大きな影響を及ぼす一時保護の決定や一時保護の延長，3 号措置の決定さらにはこれらの解除等の各手続において，子どもの意見表明権や手続保障が適切になされるような法整備が望まれます。

137）裁判所ホームページ「1．審判事件とは」の 1 項（https://www.courts.go.jp/saiban/syurui/syurui_kazi/kazi_02/index.html）。

第 3 章

意見聴取等措置と意見表明等支援事業
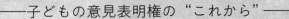
——子どもの意見表明権の "これから" ——

はじめに

　令和4年6月，改正児童福祉法が成立しました。同法には，厚生労働省における「子どもの権利擁護に関するワーキングチーム」のとりまとめ（以下「WTとりまとめ」といいます。）を踏まえた「児童の意見聴取等の仕組みの整備」に関する規定が盛り込まれています[138]。

　そして，「児童の意見聴取等の仕組みの整備」に関しては，児童相談所等が適切に運営できるように，スタートアップマニュアルやガイドラインなどの作成が進められています。

　そこで本章では，「児童の意見聴取等の仕組みの整備」，その中でもとりわけ新たな措置及び事業として規定された「意見聴取等措置」と「意見表明等支援事業」（いずれも令和6年4月に施行予定）の在り方について，WTとりまとめ，改正児童福祉法に関する国会の審議経過，スタートアップマニュアル案，ガイドライン案並びに前記第1章及び第2章の内容を踏まえた上で，筆者の考えを述べたいと思います[139]。

　また，意見表明等支援事業に関しては，同事業に従事する者の活動における基本理念として「子ども中心（子ども主導）」という理念が，国会の審議においても触れられています。非常に重要な理念ですので，この点も述べたいと思います。

138）厚生労働省「「子どもの権利擁護に関するワーキングチーム　とりまとめ」の公表について」（令和3年5月27日）（https://www.mhlw.go.jp/stf/newpage_18934.html）。

139）なおスタートアップマニュアル案，ガイドライン案に関しては，今後内容が確定したものがこども家庭庁等から発出されるかと思いますが，本書執筆時点（2023年3月時点）においては，まだ案のみが公表されているにとどまります。そのため，本書における意見聴取等措置及び意見表明等支援事業の解説に関しては，今後発出されると思われるマニュアルなどとは異なる可能性があります。

第1　意見聴取等措置

🍀 1　意義

　意見聴取等措置に関して，改正児童福祉法33条の3の3（以下，この項において「本条」といいます。）は以下のとおり規定しています。

改正児童福祉法33条の3の3

> 　都道府県知事又は児童相談所長は，次に掲げる場合においては，児童の最善の利益を考慮するとともに，児童の意見又は意向を勘案して措置を行うために，あらかじめ，年齢，発達の状況その他の当該児童の事情に応じ意見聴取その他の措置（以下この条において「意見聴取等措置」という。）をとらなければならない。ただし，児童の生命又は心身の安全を確保するため緊急を要する場合で，あらかじめ意見聴取等措置をとるいとまがないときは，次に規定する措置を行つた後速やかに意見聴取等措置をとらなければならない。
>
> 　　一　第26条第1項第2号の措置を採る場合又は当該措置を解除し，停止し，若しくは他の措置に変更する場合
>
> 　　二　第27条第1項第2号若しくは第3号若しくは第2項の措置を採る場合又はこれらの措置を解除し，停止し，若しくは他の措置に変更する場合
>
> 　　三　第28条第2項ただし書の規定に基づき第27条第1項第3号の措置の期間を更新する場合
>
> 　　四　第33条第1項又は第2項の規定による一時保護を行う場合又はこれを解除する場合

　このように児童相談所長には一定の場面において意見聴取等措置をとることが義務付けられました[140]。しかし意見聴取等措置の具体的内容が文言上明確

140）児童相談所長の権限等について，前掲注19）参照。

でない点がありますので，この点に関する筆者の考えを述べたいと思います。

　なお，意見聴取等措置が適用される場面（以下「意見聴取等措置適用場面」といいます。）として規定されている本条各号の措置は，いずれも子どもの人生にとって極めて大きな影響を及ぼす場面です[141]。そして，第1章で述べたとおり，子どもの意見表明権は子どもが自分の人生を歩くために必要不可欠な権利です。これらを踏まえると，意見聴取等措置は，子どもの人生において大きな影響を及ぼす場面において，子どもが自分の人生を歩くために，子どもの意見を聴取することを児童相談所長等に義務付けたものといえます。そのため，限られた場面ではありますが，意見聴取等措置は子どもの意見表明権を保障したものといえます[142]。

　したがって，本条の解釈及び意見聴取等措置の運用は，子どもの意見表明権が適切に保障されるように行われなければなりません。

🍀 2　内容

　意見聴取等措置の内容について，条文上は児童相談所長（実際には児童相談所職員）が行うことは明記されていますが，具体的に「意見聴取」の内容は何か，「その他の措置」の内容は何か，「意見聴取」と「その他の措置」との関係性（優先順位）はどうなるのかといった点について筆者の考えを述べたいと思います[143]。

(1)　「意見聴取」

　意見聴取とは，文字どおり，改正児童福祉法33条の3の3各号の措置（解除，停止又は変更を含みます。以下同じ。以下「本条各号の措置」といいます。）を採ることについての子ども本人の意見を聴き取ることです。意見聴取等措置が

141）スタートアップマニュアル案7頁，第208回国会参議院厚生労働委員会会議録第18号5頁〔橋本泰宏政府参考人発言〕。

142）改正児童福祉法の審議経過においても，意見聴取等措置と意見表明等支援事業は子どもの意見表明権の保障及び子どもの最善の利益が優先して考慮される趣旨を実現するために運用されていくものであるとの説明がなされています（第208回国会参議院厚生労働委員会会議録第16号9頁〔橋本泰宏政府参考人発言〕。

143）なお，条文上は子どもの「意見」と「意向」の二つが規定されていますが，前記第1章第1の1(1)（5頁以下）のとおり意見を「views」と解釈することによって両者を明確に区分する必要はないと考えます。

意見表明権を保障するための措置であることに鑑みると，「意見聴取」は意見表明権を実質的に保障した形でとられなければなりません[144]（WT とりまとめにおいても，「「意見を聴取する」際には，形式的に意見聴取の機会を確保するだけでなく，子どもの年齢や発達の状況を踏まえた適切な方法や支援により，子どもの意見表明が実質的に確保されることが必要である」（WT とりまとめ 5 頁。傍点は筆者によるもの）とされています。）。

　例えば，一時保護を行おうとする際に意見聴取等措置をとる場合，「児童相談所としてはあなたを一時保護する必要があると思っているけれど，どうかな。」という質問では不十分であり，子どもの年齢や発達，さらには心理状況などを考慮した上で，一時保護の理由や目的，一時保護中の生活環境，その後の見通し及び自分の意見がどのように扱われるのかといった十分な情報提供及び説明がなされなければなりません[145]（前記第 1 章第 1 の 1(1)ウ（7 頁以下）及び第 2 章第 1 の 2(2)ア（58 頁以下）参照。）。児童相談所によっては，一時保護所の環境や一時保護所における生活などをまとめた冊子などを作っているところもあると思いますので，それらを用いて，できるだけ一時保護及びその後の生活についての子ども本人の理解が深まるように説明した上で，誘導等をするのではなく，子どもが「自由に」意見表明できるよう，不当な影響を与えないやり取り及び環境の中で「意見聴取」をすることが求められることになります[146]。

　この点については，今回の法改正以前より既に実施している児童相談所もあるかと思います[147]。一時保護ガイドラインにおいても一時保護の理由や目的の説明は子どもの発達年齢に応じて丁寧に行うことや，今後の見通しに関して

144）スタートアップマニュアル案 7 頁。また前掲注 67）日本弁護士連合会子どもの権利委員会編 295 頁においても，子どもの意見表明権保障のためには，「形式的」に意見聴取するのではなく，子どもの年齢や発達の状況を踏まえた適切な方法や支援により「実質的」な意見聴取が担保される必要があるとされています。

145）WT とりまとめにおいては「児童相談所には，決定に先立って，子どもの年齢や発達に応じた適切な説明を尽くすことを前提に，子どもの意見を十分に聴いて措置の要否や内容を判断することが求められる。」とされています（WT とりまとめ 4-5 頁）。なお，各場面における子どもの意見表明権の保障については前記第 2 章第 1（52 頁以下）参照。

146）スタートアップマニュアル 15 頁。また，一時保護中や 3 号措置中などにおいては，子どもとの面接に関して，事前に面接の日時や場所を伝えておいた方が落ち着いて意見を表明できる場合もありますので，あらかじめそれらの情報を子どもに伝えておくといった配慮も必要になると思います（スタートアップマニュアル集 19 頁参照）。

もいつまでどのような生活をするのか，そこでの生活がおおむねどの程度の期間となるのかについても，子どもが理解できるよう具体的な見通しを伝えることが求められています[148]。ただし，一時保護ガイドライン V2（33頁以下の）「一時保護が決まってから一時保護初期までのケア」の項目に書かれている点には注意が必要です。意見聴取等措置は，原則として一時保護が決定される前に，すなわち「あらかじめ」行われなければならないからです（後記本章第1の3（113頁以下）参照）。

(2)　「その他の措置」

「その他の措置」は，後記本章第1の2(3)（113頁以下）のとおり非言語的コミュニケーションを用いても意見表明を行うことが難しい子どもを対象に行われます。そのため，このような子どもの意見表明権は，前記第1章第3の2（30頁以下）で説明した非指示的アドボカシーのもとで，子どもの「意思と選好の最善の解釈（best interpretation of will and preference）」を行うことによって保障していくことになります。

なお，意見聴取等措置の対象となる子どもについては法律上何らの限定もないため，0歳の子どもの（委託）一時保護や里親や乳児院等への措置の際にも意見聴取等措置がとられなければなりません。そして，後記のとおり意見表明等支援事業においては，0歳の子どもであったとしても，他者から聴取を行うのみで子どもの意見や意向を把握したとするような運用は想定していないという説明がなされています（後記本章第2の2(4)（129頁以下）参照）。あくまで，そのときの子ども本人の「意思と選好の最善の解釈」を行う必要があり，これは意見聴取等措置においても同じです[149]。

147）厚生労働省による全国の児童相談所に対する実態調査においては，一時保護の開始に向けた検討時には全国の97％の児童相談所が子どもの意向等の確認をしているとされています。しかし，具体的にどのような聴取方法がなされているかは不明です（第6回一時保護時の司法審査に関する実務者作業チーム（令和5年1月23日）資料3「一時保護の実態調査の結果（速報値）について」10頁参照）。また，意見を聴取したとしても，その意見や意向を反映する手続が採られている児童相談所は5〜6割程度にとどまっています（第1回児童相談所における一時保護の手続等の在り方に関する検討会（令和2年9月18日）資料3「実態把握調査の結果（速報値）について」47頁）。子どもの意見表明権は，単に子どもが意見を表明する自由ではなく，意見が正当に尊重される権利も含まれていることに留意する必要があります（前記第1章第1の1(5)イ（17頁以下）参照）。

148）一時保護ガイドラインⅡ5(1)（12-13頁），Ⅴ2(5)（35頁）。

⑶　「意見聴取」と「その他の措置」の関係性（優先順位）

　「意見聴取」と「その他の措置」の関係性については，改正児童福祉法の国会の審議経過において，（意見表明等支援事業に関する文脈ではありますが，）自ら意見を述べることが可能な子どもに対しては意見聴取を行うことが原則となる一方で，0歳児などの自ら意見を述べる能力が未熟な場合には，例外的に保護者が同席しているときと乳児院にいるときとの子どもの様子の違いを観察することなどの意見聴取以外の方法を採るといった説明がなされています。子どもの意見を適切に確認するための方法としては本来は子ども自身から直接その意見を聴き取ることが適切であると考えられますので，原則として「意見聴取」を行い，自ら意見を述べることができない子どもについては「その他の措置」を行う，という整理は適切であろうと思います。

　すなわち，「意見聴取」と「その他の措置」の関係性に関しては，言語的コミュニケーションだけでなく非言語的コミュニケーションであっても自らの意見（views）を表明することができる子どもに対しては「意見聴取」が優先的にとられなければならず[150]，例外として「その他の措置」をとるのは，非言語的コミュニケーションを用いたとしても意見表明ができない子どもの場合に限られるということになります[151]。

🍀　3　意見聴取等措置をとる時期

⑴　原則と例外

　本条各号の措置等は子どもの最善の利益に適う方針として採られなければならないところ（児福2条1項），各号の措置等を採ることが子どもの最善の利益に適う方針か否かを判断するには子どもの意見内容を具体的に把握する必要があります（前記第1章第4の2（39頁以下）参照）。したがって，意見聴取等措置は，本条各号の措置等を採るに先立って，すなわち「あらかじめ」行わなければならないと規定されています[152]（しかし，本条各号の措置を採ろうとする数

149）スタートアップマニュアル案8頁，22頁。
150）スタートアップマニュアル案18頁では，口頭ではなく文章や図，絵で表現することも「その他の措置」ではなく「意見聴取」の項目の中で説明されています。
151）スタートアップマニュアル案22頁。また，非指示的アドボカシーが最後の手段であることについては前掲注33）参照。

か月前に聴取した意見では"本条各号の措置を採ることについての意見"といえるかについては個人的には疑問です。可能な限り，時間的に近接した子どもの意見である必要があると考えます。）。

　しかし，「児童の生命又は心身の安全を確保するため緊急を要する場合で，あらかじめ意見聴取等措置をとるいとまがないとき」（改正児福33条の3の3ただし書。以下，このような場面を「例外的場面」といいます。）には，本条各号の措置等を行った後で意見聴取等措置をとることが認められています。ただし，このようなの場合も措置後「速やかに」意見聴取等措置をとらなければなりません。

　例外的場面の例としては，児童虐待防止法9条に基づく立入調査や同法9条の3に基づく臨検・捜索等により子どもの安全確認を行うとともに一時保護を執行する場面など，保護者が場所的に近接している状況下において保護者から子どもを分離するような場面が想定できます。

　すなわち，意見聴取等措置は，子どもの意見表明権を実質的に保障するものであるため，形式的に意見を聴くだけではなく，措置等について子どもが理解できるように説明などを行った上でとる必要があります（前記第1章第1の1(1)ウ（7頁以下）参照）。そうすると，意見聴取等措置は少なくとも5分や10分程度で終わるようなものではないと考えられます。したがって，一時保護に対する保護者等の妨害が現に差し迫っているような立入調査や臨検・捜索等の状況下では，「あらかじめ」意見聴取等措置をとっていれば，子どもの心身の安全を脅かされる危険性があると考えられます。

　反対に，一時保護の解除や一時保護中の子どもに3号措置を採ろうとする際などについては，基本的に「児童の生命又は心身の安全を確保するため緊急を要する場合」には該当しないと考えられますので，これらの措置を採る場合には「あらかじめ」意見聴取等措置を採る必要があります。

(2)　緊急の一時保護の場合における意見聴取等措置の在り方

　では，立入調査や臨検・捜索等までの緊急性はないとしても，例えば学校等

152）WTとりまとめにおいても，「児童相談所には，決定に先立って，子どもの年齢や発達に応じた適切な説明を尽くすことを前提に，子どもの意見を十分に聴いて措置の要否や内容を判断することが求められる。」（WTとりまとめ4頁以下。傍点は筆者によるもの）とされています。

子どもの所属機関から虐待通告があり，その後，学校等から子どもを一時保護するような場合（以下「緊急一時保護の場合」といいます。）はどうでしょうか。

条文上は，「児童の生命又は心身の安全を確保するため緊急を要する」とされている以上，緊急一時保護の場合においても，意見聴取等措置を学校等で行っている間に保護者が学校に乗り込んできたといった，仮に一時保護をすることになった場合において安全に一時保護の執行ができないといった具体的な危険性がない限り，基本的には例外的場面には該当しないとも考えられます。すなわち，このような具体的な危険性がない限り，緊急一時保護を行う場合であっても「あらかじめ」学校等において一時保護やその後の見通しに関する全ての説明を丁寧に行った上で，意見聴取等措置をとらなければならないともいえそうです。

しかし，実際の現場においては，一時保護やその後の見通し等に関する説明の際には，子どもの年齢や発達，さらには，そのときの子どもの精神状態といった子どもの負担にも配慮しなければなりません。そうすると，学校等で全ての説明を行った上で，意見聴取等措置を「あらかじめ」行うことは，場合によっては子どもに対して過度な負担をかけることになりえます。

他方で，緊急一時保護の場合，全てを「いとまがない」場合に当たるとして一時保護を行った後に意見聴取等措置をとることで足りると整理することも，意見表明の機会の保障の観点からは不適切だと考えます。

そこで，筆者としては，緊急一時保護の場合であったとしても，意見聴取等措置は「あらかじめ」行わなければならないという原則を踏まえて，学校等で意見聴取等措置をとることを前提に対応しつつも，前記の「児童の生命又は心身の安全を確保するため緊急を要する」具体的な危険性がある場合だけでなく，子どもの年齢や発達，精神状態等さらには意見聴取等措置をとるために必要となる時間の長さなどを総合的に考慮して，意見聴取等措置を全て行うことが子どもの大きな負担となる場合も，「児童の生命又は心身の安全を確保するため緊急を要する場合」に含めるべきであると考えます。そして，その場合には，途中で意見聴取等措置を中断し，その時点での子どもの意見を聴取した上で一時保護の検討を行い，一時保護を行った場合には，その後に補充の説明とそれを踏まえた意見聴取等措置を再度行うという運用も可能ではないかと考え

ます[153]。

　また，意見聴取等措置をとろうとする時点で，子どもの年齢や発達・精神状態や子どもとの面接の開始時間帯等に鑑みて，意見聴取等措置を途中で中断することが事前に予想される場合には，あらかじめ子どもに対して行う説明事項に優先順位を付けて（一時保護の目的や必要性といった一時保護そのものに関する事項，一時保護を行った場合における保護者や友人との交流及びスマートフォン等の使用の可否などの一時保護中の生活環境，さらには，子どもとの対話の中で子どもが不安に感じている事項や関心のある事項などは優先順位が高くなると思われます。），優先順位の高い事項のみを説明した上で，一時保護を行うことに対する子どもの意見を聴取し，それを踏まえて，一時保護の検討を行うことも考えられると思います（当然，このような場合には，一時保護実施後に改めて意見聴取等措置を補充する必要があります。）。

　このように一度の機会で意見聴取等措置を全て行うことが困難であるとしても，一定程度の説明をした上で意見聴取を行い，十分に説明しきれなかった部分については，一時保護の実施後速やかに説明を行い，改めて子どもの意見を聴取するという運用も許されるべきだと考えます[154]。

　意見聴取等措置の趣旨・目的は子どもに対する意見聴取そのものではなく，子どもの意見表明権の実質的な保障です。そのためには子どもの負担を無視するような運用は不適切ですし，他方で，「法律が変わっても，結局自分の意見は聴かれることなく，気づけば一時保護されていた。」という子どもをなくすことも重要です。

---

153) 条文上は，一時保護後に意見聴取等措置を行うことを許容する場面は，あくまで「児童の生命又は心身の安全を確保するため緊急を要する場合」であり，意見聴取等措置をとることによる子どもの心身の負担等は考慮要素にはなっていません。しかしながら，意見聴取等措置の趣旨・目的は子どもの意見表明権の実質的な保障であり，意見聴取等措置をとること自体が目的とならないようにすることや，子どもの負担に十分配慮することも必要だと考えます。スタートアップマニュアル案 13 頁参照。もちろん，この点を児童相談所の都合の良いように解釈し，意見聴取等措置が適切に実施されないようなことは厳に慎まなければなりません。

154) このような意見聴取等措置の"分割"ともいえる運用については十分な議論はなされていないかと思います。しかし，子どもの意見表明権を保障するためには，「緊急一時保護の場合は一律に「いとまがない」として一時保護決定後に意見聴取等措置をとればよい」とすべきではなく，可能な限り，（それが部分的なものであったとしても）「あらかじめ」子どもの意見を聴き，聴き取った子どもの意見を一つの要素として一時保護の決定が子どもの最善の利益に適うか否かの判断をすべきだと考えます（前記第1章第4の2（39頁以下）参照）。

4　意見聴取等措置をとる際の留意点

これまでの説明と重複する点もありますが，意見聴取等措置をとる際の留意点について筆者の考えをまとめたいと思います。

(1)　子どもの意見表明権を実質的に保障する態様によってとらなければならないこと

ア　意見表明権の自由権的側面の保障

意見聴取等措置が子どもの意見表明権を保障するための制度である以上，その運用も子どもの意見表明権を実質的に保障する態様でとられなければなりません。そのため，前記本章第1の2(1)（110頁以下）のとおり，例えば，一時保護の決定の場面において，一時保護を行うことについて子どもの意見を形式的に聴取するのでは足りず，一時保護そのものに対する説明やその後の見通し，自分の意見が誰にどのように伝わるのかといった十分な情報提供がなされた上で，子どもから意見聴取等を行うことが求められます[155]。

そして，子どもの意見の聴取は，誘導等をはじめとする不当に影響を及ぼさないやり取り及び環境の下で，すなわち子でも自分の意見を表明できやすい環境のもとで行われなければなりません（前記第1章第1の(1)ウ及び1(2)（7頁以下）参照）[156]。

イ　意見表明権の社会権的側面の保障

児童相談所長は，意見聴取等措置を行って把握した子どもの意見を正当に尊重しなければなりません。

そもそも，子どもの最善の利益を第一次的に考慮した上で支援方針を判断するには，子どもの意見の把握が必要不可欠です（前記第1章第4の2（39頁以下）参照）。そのため，仮に，意見聴取等措置をとる前に既に，児童相談所内で一定の方針が固まりつつあったとしても，子どもの意見を軽んじることは許

---

155) スタートアップマニュアル案8頁，15頁。
156) スタートアップマニュアル案19頁以下。特に子どもは立場上，意見を表明しづらいことに留意すべきです。子どもが意見を表明しようとするとき，聴き手はまず意見を伝えようとしてくれたことへの肯定・感謝の意を示すことや，子どもからの意見又は意向を出来るだけ丁寧に受け止めようとする姿勢を見せていくことが特に重要です（スタートアップマニュアル案20頁）。

されません。意見聴取等措置は，自由に意見表明できるという自由権的側面だけでなく，表明した意見が正当に尊重されるという社会的側面も含めた子どもの意見表明権（前記第1章第1の1(5)イ（17頁以下）参照）を実質的に保障することが目的であり[157]，子どもの意見を聴取すること自体が目的ではありません。そのため，意見聴取等措置によって把握した子どもの意見の内容によっては，見込まれていた方針内容を変更しなければならないことも十分あり得ます。このように，意見聴取等措置によって子どもの意見表明権を実質的に保障するためには，単に意見聴取等措置をとるだけでは足りず，児童相談所の職員一人ひとりが子どもの意見表明権に関する理解を深めることが必要です[158]。

　また，子どもの意見内容とは異なる支援方針を採る場合には，フィードバックを丁寧に行う必要があります（前記第1章第1の1(5)ウ（19頁以下）参照）[159]。なお，フィードバックは，子どもの希望と反する「処分を行った場合」だけでなく，「処分を行わなかった場合」にも実施されるべきです（前記第1章第1の1(5)ウ（19頁以下）参照）。

(2)　対象となる子どもや事案は限定されないこと

　改正児童福祉法において一時保護開始時における司法審査が導入されることとなりましたが，親権者等が一時保護に同意している場合などには一時保護状の請求は必要ないとされています（改正児福33条3項1号）。他方で，意見聴取等措置についてはこのような除外規定はありません。そのため，保護者から子どもの養育困難等のSOSを受けて児童相談所長が一時保護を決定するような場合であっても，意見聴取等措置が義務付けられます。また，年齢についても制限はないため，0歳の子どもの一時保護や3号措置の際にも意見聴取等措置をとる必要があります。意見聴取等措置は，親権者等の意向やケースの主訴等とは関係なく，あくまで子どもの意見表明権を保障することを趣旨としてい

157）スタートアップマニュアル案24頁。
158）スタートアップマニュアル案27頁。
159）スタートアップマニュアル案26頁。また，改正児童福祉法の審議経過においても「子供の最善の利益のために児童相談所が講じる措置が子供の意見と異なる場合もあり得るものと認識をいたしております。その場合においても，児童相談所においては，丁寧にその理由を子供に対して説明するなど，委員の御指摘のとおり，事後的にもフォローする必要がある」（第208回国会参議院厚生労働委員会会議録第18号11頁〔後藤茂之国務大臣発言〕）と説明されています。

るからです。

　なお，意見聴取等措置の対象が「児童の」となっていることから延長者（児福31条4項参照）には適用がないとも考えられますが，そもそも延長者に対して一時保護や3号措置などを行う（改正児福31条2項から4項，同33条17項から20項参照）際には，本人の同意が必要である（少なくとも意に反してはならない）ため（前記第2章第1の6(1)イ（83頁）参照以下），本条の適用がなかったとしても，必然的に本人の意見を聴取しなければならないことになります。

(3)　「意見を表明しない権利」を侵害しないこと

　意見聴取等措置は，児童相談所が採ろうとしている本条各号の措置の説明及びそれに対する意見表明の機会の付与を児童相談所長に義務付けたものですが，子どもに対して強制的に意見を表明することを義務付けたものではありません。

　すなわち，子どもの人生に重大な影響を及ぼす本条各号の措置を採ろうとしている場面であったとしても，すべての子どもが意見を表明することを望むとは限らず，様々な葛藤や混乱の中で意見表明することを望まない子どももいます。そのため，意見聴取等措置をとろうとする際には，子どもの「意見を表明しない権利」の保障に留意する必要があり（前記第1章第1の1(2)（9頁以下）及びコラム2（48頁）参照），意見聴取等措置をとる際には，子どもに対して言いたくないことは言わなくてもよい旨の説明を行うことも必要となります[160]。その上で，子どもが意見を言いたくない場合には，「意見を言わない。」ということを子どもの「意見（views）」として捉えることになります。

　しかしながら，子どもの意見を聴取する者は，子どもが意見表明を行いやすいように環境を整備することも求められていますので（前記第1章第1の1(2)（9頁以下）参照），まずは，子どもが安心して意見表明ができるように，丁寧な説明や配慮を行わなければならないことはいうまでもありません。

(4)　意見聴取等措置の記録を正確に残すこと

　児童相談所長としては，意見聴取等措置を行うことが法律上義務付けられたことから，意見聴取等措置をとらないまま一時保護を行った場合（又は例外的

160）スタートアップマニュアル20頁。

措置の場合には，その後に速やかに意見聴取等措置を行わなかった場合）には，本条各号の措置の手続に違法な点があったとされてしまうと考えられます。そのため，いつ，誰が，どのように意見聴取等措置をとったのか，その内容を記録等に正確に残しておく必要があります[161]。

(5)　本条各号の措置時以外においても意見表明権を保障すること

意見聴取等措置が義務付けられたからといって，同措置を行えば子どもの意見表明権が全て保障されるわけではありません。あくまで意見聴取等措置は，子どもの人生に大きな影響を及ぼす一場面における子どもからの意見聴取等を義務付けたものにすぎないのであって，その後の一時保護所や里親宅などでの1日1日，さらには一時保護や3号措置がなされなかった（又は解除された後の）子どもの家庭での1日1日が，子どもにとっての人生そのものになります。そのため，本条各号の措置の決定場面だけでなく，その後の支援の経過中においても，子どもに対して定期的に情報を提供し，現状さらには今後の支援に向けた子どもの意見を継続的に聴いていく必要があります[162]。

また，自立援助ホームの入退去時，自立支援計画の策定時などについては，本条各号の措置に規定されませんでした。しかし，これらの場面においても子どもの意見表明権が保障されなければならないことはいうまでもありません[163]。

第2　意見表明等支援事業

🍀 1　意義

意見表明等支援事業に関して改正児童福祉法は以下のとおり規定していま

161）スタートアップマニュアル25頁。

162）スタートアップマニュアル8頁。また，その際には，子どもの意見が二転三転することも予想されますが，そのような変遷をさせてもよいことを子ども本人にも説明した上で，子どもが自由に意見を表明できる環境を整える必要がありますし，児童相談所長としてもそのような変遷も含めて「子どもの意見（views）」として尊重する必要があると考えます（スタートアップマニュアル案18頁，21頁）。

163）スタートアップマニュアル案11頁。WTとりまとめ7-9頁参照。

す。

改正児童福祉法 6 条の 3 第 17 項

> *この法律で，意見表明等支援事業とは，第 33 条の 3 の 3 に規定する意見聴取等措置の対象となる児童の同条各号に規定する措置を行うことに係る意見又は意向及び第 27 条第 1 項第 3 号の措置その他の措置が採られている児童その他の者の当該措置における処遇に係る意見又は意向について，児童の福祉に関し知識又は経験を有する者が，意見聴取その他これらの者の状況に応じた適切な方法により把握するとともに，これらの意見又は意向を勘案して児童相談所，都道府県その他の関係機関との連絡調整その他の必要な支援を行う事業をいう。*

　意見表明等支援事業は，児童の福祉に関し知識又は経験を有する者が，ⓐ意見聴取等措置適用場面における改正児童福祉法 33 条の 3 の 3 各号の措置等を行うことに係る子どもの意見又は意向と，ⓑ 3 号措置その他の措置が採られている措置中の処遇に係る子どもの意見又は意向という大きく二つの類型の子どもの意見又は意向を意見聴取等によって把握し，それを基に関係機関等との連絡調整などを行うという事業です。

　意見表明等支援事業についても，改正児童福祉法施行前にこども家庭庁等からマニュアルなどが発出されるものと思われますが，本書執筆時点（2023 年 3 月時点）において確定したものは公表されていないため，スタートアップマニュアル案，ガイドライン案，WT とりまとめ及び国会における審議経過などをもとに筆者の考えを示したいと思います。

　なお，意見表明等支援事業については，その実施に関して以下の規定がなされています。

改正児童福祉法 33 条の 6 の 2

> *都道府県は，児童の健全な育成及び措置解除者等の自立に資するため，その区域内において，…（中略）…意見表明等支援事業が着実に実施されるよう，必要な措置の実施に努めなければならない。*

改正児童福祉法34条の7の2第1項，2項

> *1　都道府県は，…（中略）…意見表明等支援事業を行うことができる。*
>
> *2　国及び都道府県以外の者は，内閣府令の定めるところにより，あらかじめ，内閣府令で定める事項を都道府県知事に届け出て，…（中略）…意見表明等支援事業を行うことができる。*

　このように意見表明等支援事業は改正児童福祉法によって新たな事業として法定化されましたが，都道府県は「意見表明等支援事業が着実に実施されるよう，必要な措置の実施に努めなければならない。」，都道府県は「意見表明等支援事業を行うことができる。」という規定にとどまっています。すなわち，意見聴取等措置とは異なり，実施は努力義務にとどまっています。この点について，改正児童福祉法について議論された衆議院厚生労働委員会においては，「意見表明等支援を行うことのできる資質のある方々を養成していくということも含めてやっていかなければならない段階でございますので，まずは努力義務ということでスタート」との説明がなされています[164]。

　しかし，参議院附帯決議においても意見表明等支援事業に関して都道府県によって差が生じることで子どもに不利益となることがないようにすることや，次期児童福祉法改正時には意見表明等支援事業を全ての都道府県の義務とすることを含めた見直しを検討することが指摘されているとおり[165]，意見表明等支援事業については今後，全ての自治体において実施されることが望まれます。

❀ 2　内容

　意見表明等支援事業については，①意見表明等支援事業の対象となる子どもの意見又は意向は何か，②意見表明等支援事業に従事する者が行う児童相談所等との「連絡調整」とは何か，③意見表明等支援事業に従事する者として規定されている「児童の福祉に関し知識又は経験を有する者」とはどういう者を想定しているのか，④子どもの意見の把握の方法として挙げられている「意見聴

164）第208回国会衆議院厚生労働委員会議録第17号40頁〔橋本泰弘政府参考人発言〕。
165）参議院附帯決議9，11項。

取」と「その他これらの者の状況に応じた適切な方法」とは何か，という点について筆者の考えを述べたいと思います。

(1)　「意見又は意向」

　　意見表明等支援事業の対象となる子どもの意見又は意向は，前記のとおり ⓐ「第 33 条の 3 の 3 に規定する意見聴取等措置の対象となる児童の同条各号に規定する措置を行うことに係る意見又は意向」と ⓑ「第 27 条第 1 項第 3 号の措置その他の措置が採られている児童その他の者の当該措置における処遇に係る意見又は意向」とされています。

　　ⓐは，意見聴取等措置適用場面として掲げられている措置等（解除，停止及び変更を含みます。以下同じ）を行う場合に，それらの措置等が行われることに対する子どもの意見又は意向を意味します。ⓑについては，3 号措置が例示として挙げられていますが，「その他の措置」がどの範囲を意味しているかは明確ではありません。この点，筆者としては，「その他の措置」には 2 号指導措置や一時保護が採られている子どもも含まれると考えます[166]。そのため，意見表明等支援事業の対象としては，3 号措置や一時保護などによって家庭から離れて生活している子どもに限らず，2 号指導措置により在宅で支援・指導を受けている子どもの意見や意向も対象になります。

　　したがって，例えば，2 号指導措置中の子どもにとっては，2 号指導措置中における処遇に係る意見（「月 1 回の面談を 2 か月に 1 回に変更してほしい。」など）は上記 ⓑ の類型で意見表明等支援事業の対象となり，2 号指導措置の解除の際には解除を行うことに係る意見（「親に対する指導は続けてほしい。」など）は上記 ⓐ の類型として意見表明等支援事業の対象となります。

　　また，対象となる子どもに年齢制限等はないため，高校生であっても 0 才児であっても，障害があってもなくても，意見表明等支援事業の対象となりま

---

166)　実務において一時保護を「措置」と表現することはあまりありませんが，意見表明等支援事業は広く子どもの意見表明権を保障する制度であること，改正児童福祉法 33 条の 3 の 3 や33 条の 3 の 2 が「一時保護」についても「措置」と表現していることに鑑みれば，一時保護がなされている子どもを「その他の措置が採られている児童」（改正児福 6 条の 3 第 17 項）に含めることは妥当な解釈であると考えます。またスタートアップマニュアル 32 頁以下では，一時保護所における日常生活の場面，さらには自立支援計画の策定の場面や児童福祉審議会等へ意見の申立てを行う場面も意見表明等支援事業活用の一場面として挙げられています。

す[167]。

(2)　「連絡調整」

ア　改正児童福祉法の審議経過等における説明

「児童の福祉に関し知識又は経験を有する者」は，意見表明等支援事業に従事する者（以下「意見表明等支援員」といいます。）として，子どもの意見を把握した上で，「児童相談所，都道府県その他の関係機関との連絡調整その他の必要な支援を行う」と規定されています。

「連絡調整」については，参議院厚生労働委員会において，「連絡」とは子どもの意見等を関係機関等に伝達する行為を意味し，「調整」とは意見表明等支援員が子どもの権利擁護のために児童福祉審議会等の権利擁護機関に案件を提起することなどを意味すると説明されています[168]。

また，WTとりまとめにおいては，意見表明等支援員の活動内容について「子どもの考えや思いを傾聴したうえで，関係機関への伝え方を一緒に考えたり，必要な場合には，子どもの同意を得て代わりに伝えたりすることが基本である。加えて，支援の具体的な方針等について，子どもに寄り添って児童相談所や施設に働きかけ，子どもの意見との調整を図ることもある。」「例えば，里親委託・施設入所の措置を決定，停止，解除又は変更する場面では，児童相談所における援助方針会議等の決定の場において，あるいはその場に先立って，子どもの意見を児童相談所に伝え，意見が適切に考慮されるように働きかけるといった対応が考えられる。」「さらに，里親家庭，施設や一時保護所で暮らしている子どもに対しては，定期的に訪問して生活における悩みや不満などを傾聴し，必要に応じて里親や施設職員等と協議し，支援の改善を促すといった対応が考えられる。」「これらに加え，…（中略）…権利侵害に係る子どもからの申立てプロセスにおいて，意見表明支援員が子どもの主張を代弁していくことが考えられる。」（WTとりまとめ10頁）と説明されています。

イ　「連絡調整」を行う際の留意点

以上を踏まえると，「連絡」とは子どもの意見が児童相談所長等の決定権者

167）スタートアップマニュアル46頁。
168）第208回国会参議院厚生労働委員会会議録第18号3頁〔橋本泰宏政府参考人発言，（連絡は橋本氏の発言）後藤茂之国務大臣発言〕参照。

による判断の際に正当に尊重されるための活動として行われるものということになります。そのため，子どもの意見を決定権者に伝える前に意見表明等支援員が勝手に子どもの意見を変更・修正することが当然許されないことはいうまでもありませんし，子どもが自由に表明しようとしている意見を一定の方向に誘導したり，考え直すよう説得をすることも不適切です。後記本章第2の2(3)ア（127頁以下）のとおり意見表明等支援員は，条約12条2項の「代理人」として子どもの聴かれる権利を保障するための活動を行う者である以上，子どもの意見（views）を正確に決定権者に伝えなければなりません（前記第1章第2の1(3)（25頁以下），特に図8参照。)[169]

　なお，意見表明等支援員の役割は，子どもを"おんぶにだっこ"することではなく，子どもが本来持っている力を発揮できるように支援することです。すなわち，子どもの意見を全て代弁するのではなく，まずは，子ども自身が意見表明をすることができるようにエンパワメントすることが重要であり，代弁は必要に応じて行うというスタンスが重要になります[170]。

　また，「調整」の意義は上記のとおりですが，「調整」と聞くと，関係機関と子どもとの間に立って中立的に関係調整を図るといったイメージが湧くかもしれません。しかし，この点は，関係者との間で利害調整を行ったり，子どもへの支援内容を決定したりすることは想定していないことも説明されています[171]。この点は後記本章第3（131頁以下）の意見表明等支援員における6つの基本原則とも関連します。

　また，「連絡」と「調整」の関係性については，実際には，意見表明等支援員は，子どもの意見を伝えるだけでなく，それとともに改善の必要性を訴える場合も少なくないと思われます。「子ども意見表明支援員の活動の手引き（案)」では以下のようにも説明されています。

169）前掲注27）参照。なお，子どもの意見が代理人の意見と食い違う状況においては，必要に応じて子どもに別の代理人を選任することも指摘されています（前掲注39）Committee on the Rights of the Children（平野訳（2013）パラグラフ90）。意見表明等支援員が児童相談所等に伝える意見は「子どもの意見」であって，「意見表明等支援員の意見」ではありません。

170）アドボカシーの基本方針は，子ども自身が実現したいことを考え，それを周囲に表明できるという"セルフアドボカシー"を支援することです（ガイドライン案2頁）。

171）第208回国会参議院厚生労働委員会会議録第18号3頁〔後藤茂之国務大臣発言〕参照。

　　ただ単に子どもの意見を伝達する役割だけではない。例えば，子どもか
らの「一時保護してほしい」という要望を代弁したところ，児童相談所か
ら「それはできない」と断られた場合に，子どもに「断られた」と報告す
るだけでは意味がない。子どもの意見の実現に向けて「何か他に良い方法
はないのか」とか，「再度上司も交えて相談してもらえないのか」とか活
動していき，子どもをエンパワメントしていくことが大切であり，そうい
う役割も担っているのである。

*※大分県・大分大学権利擁護教育研究センター「令和3年度子どもの権利
擁護に係る実証モデル事業報告書　子ども意見表明支援員の活動の手引
き（案）」（2022）19頁より引用*

　意見表明等支援員は，「連絡」と「調整」の両方の役割を果たすことになり
ますが，両者は連続性・重なりがあるものであり，どこまでが「連絡」でどこ
からが「調整」かの区分を厳密に行うことは難しいと思われますが，両方を行
うことが予定されている以上，区分する実益はないでしょう。重要なことは，
どのような場面・手続であったとしても意見表明等支援員は，子どもの意見表
明を支援し，又は必要に応じて代弁することだけでなく，その意見が正当に尊
重されるように，そして子どもに適切にフィードバックされるように働きかけ
ることが求められているということです（反対に，児童相談所としては，意見表
明等支援員から子どもの意見を聴き取るだけでなく，その意見について正当に尊重
し，適切にフィードバックすることが求められているということになります。）[172]。

　なお，「連絡調整」を行う相手方として児童相談所や都道府県のほかに「関
係機関」も規定されていますが，これは措置等によって子どもが実際に生活し
ている施設や里親等を想定していると説明されています[173]。また，「連絡調
整」の結果，子どもの意見が通ることもあれば通らないこともあると思います
が，その場合には，児童相談所や施設などの最善の利益を第一次的に考慮して

172）スタートアップマニュアル案50頁。ガイドライン案36頁以下。
173）第208回国会参議院厚生労働委員会会議録第16号7頁〔橋本泰宏政府参考人発言〕参照。

判断した者が，その結論や理由等について対話を含めたフィードバックを行うことになります（前記第 1 章第 1 の 1 (5)ウ（19 頁以下）参照）。なお，児童相談所職員等が子どもに対してフィードバックを行う際，子どもが希望する場合には，意見表明等支援員もその場に同席することができるようにすることも重要であると考えます[174]。

(3) 意見表明等支援事業に従事する者（意見表明等支援員）[175]

ア　立ち位置

　意見表明等支援員の活動内容である「連絡調整」の意義及び意見表明等支援事業の目的（子どもの意見表明権の保障）に鑑みると，意見表明等支援員は決定権者でも判断権者でもなく，子どもが自由に意見を表明できるように，そして，子どもの意見が正当に尊重されるように働きかけることが役割であり，これは，意見表明等支援員は，条約 12 条 2 項に規定されている「代理人」（前記第 1 章第 2 の 1 (3)（25 頁以下）参照）に当たると考えられます。そのため，意見表明等支援員は，児童相談所などの関係機関や保護者ではなく，あくまで“子どもの代理人”として活動する存在といえます。

　すなわち，子どもから聴き取った意見が客観的に子どもの最善の利益に適わないと思われるような内容であったとしても，意見表明等支援員は，児童相談所長等の決定権者による決定の際にそのような子どもの意見についても考慮要素として拾い上げられるように，そして，その声が正当に尊重されるように働きかけることが役割になります（「子どもの意見を正当に尊重する」ことと「子どもの希望を叶えること」は別物であることについては，前記第 1 章第 1 の 1 (5)（15 頁以下）参照）。これは，意見表明等支援員が“子どもの最善の利益”ではな

174）スタートアップマニュアル案 51 頁。

175）意見表明等支援員には，後記本章第 3（131 頁以下）の「子ども主導」を含めた 6 つの基本原則の理解が必要となります。しかし，この 6 つの基本原則は意見表明等支援員の“心構え”ともいうべきものであり，これ自体に特別な専門的なスキルが必要になるわけではないと考えます。意見表明等支援員には，これらの“心構え”のもとで，子どもから意見を適切に聴き取る等の専門的なスキルが必要であり，そのためには意見表明等支援員にはアドボケイトに関する養成研修を修了することが求められると思います（スタートアップマニュアル案 43-44 頁）。そして，これらの専門的スキルの習得や向上のための養成講座や研修等は科学的な評価に基づいたプログラムであるべきですし（参議院附帯決議 13 項参照），意見表明等支援制度の効果に関して，定期的な効果測定を実施する必要があると考えます（スタートアップマニュアル案 54 頁以下参照）。

く，"子ども主導"のもとで，子どもの意見を代弁し，さらには子どもの権利の保障・実現に向けた様々な活動を行うことを意味します（"子ども主導"については非常に重要な概念ですので，後記本章第3（131頁以下）において個別に説明したいと思います。）。

イ　独立性

　意見表明等支援員が"子ども主導"で子どもの意見表明権を保障するための活動を行うという存在であり，さらには権利擁護機関などにも申出を行う役割を担う以上，意見表明等支援員は，児童相談所等の関係機関から独立した立場であることが要請されます。児童相談所等は子どもの最善の利益を第一次的に考慮した支援業務を行うことが求められますが，意見表明等支援員は児童相談所等の方針や対応とは異なる内容であったとしても子ども主導のもとで活動を行うことが求められるからです[176)]。

　独立性に関しては，WTとりまとめにおいても，「意見表明支援員は，行政機関や児童福祉施設に対して子どもの意見を代弁し，時にはそれらの機関が行う決定や子どもの支援等について見直しや改善を働きかける役割を担うものであることから，それらの機関との間に利害関係が無いという意味での独立性が求められる。」（WTとりまとめ10頁）とされています。さらには，関係機関・関係者からの要求や配慮はもとより，意見表明等支援員の個人的な思い入れや選好からも離れて独立アドボカシーの実践としての倫理観を持って行動することが求められるとされています（ガイドライン案22頁）。そのため，意見表明等支援員は，措置等を行う児童相談所から独立した第三者が担う制度設計とするものであり，児童相談所等が自ら意見表明等支援事業を行うことは想定されていません[177)]。

　なお，実際に意見表明等支援事業の担い手に関しては，国会の議論の中で，

---

176) スタートアップマニュアル案43頁，ガイドライン案21頁以下。なお，意見表明等支援事業を導入するに際しては，児童相談所職員や施設職員から「子どもの声は職員が聴いている。」という意見（反論・反発）もあるかと思います。もちろん，児童相談所の現場でCWやCPとともに執務している筆者としても，それを否定するつもりは全くありません。その上で，「子どもの最善の利益を第一次的に考慮するために子どもの意見を聴く児童相談所の職員」と「子ども主導のもとで独立して活動する意見表明等支援員」の両者の存在及び役割分担があって，より一層子どもの意見表明権を保障し，子どもの最善の利益に適う支援をすることができるというのが筆者の考えです。

弁護士会や NPO，専門職の団体などが例として挙げられています[178]（弁護士を意見表明等支援員とした制度設計に関しては，後記第 4 章第 1 （140 頁以下）において兵庫県明石市における取組みを紹介しています。）。

(4)　「意見聴取」と「その他これらの者の状況に応じた適切な方法」の関係性

　「意見聴取」と「その他これらの者の状況に応じた適切な方法」との関係性については，意見聴取等措置において説明した「意見聴取」と「その他の措置」の関係性（前記本章第 1 の 2 (3)（113 頁以下）参照）が意見表明等支援事業についてもそのまま当てはまります。すなわち，言語的コミュニケーションに限らず非言語的コミュニケーションによって意見表明できる子どもは原則として「意見聴取」が行われることとなり，これらによっても意見表明を行うことができない子どもに対しては「その他これらの者の状況に応じた適切な方法」として，非指示的アドボカシーによる子どもの意見の把握を行うことになります[179]。

　また，「意見聴取」や「その他これらの者の状況に応じた適切な方法」は子どもの意見表明権を実質的に保障する形で行われる必要があります[180]。そのため，特に意見聴取等措置適用場面において意見表明等支援事業が利用される場合には，意見聴取等措置適用場面に掲げられている措置等についての子どもに対する十分な説明を事前に行った上で，不当な影響等を与えないやり取り及び環境の中で，意見聴取等を行う必要があります（前記第 1 章第 1 の(1)ウ及び(2)（7 頁以下）参照）。

　なお，意見表明等支援事業の対象には 0 歳児も含まれます。この点，0 歳児の場合であっても，子ども本人から意見聴取等をせずに，他者から聴取を行うのみで子どもの意見や意向を把握したとするような運用は想定していない，という説明が参議院厚生労働委員会においてなされています[181]。子どもの様子

177）第 208 回国会参議院厚生労働委員会会議録第 16 号 10 頁〔橋本泰宏政府参考人発言〕，第 208 会国会衆議院厚生労働委員会会議録第 18 号 21 頁〔後藤茂之国務大臣発言〕参照。
178）第 208 回国会参議院厚生労働委員会会議録第 16 号 9 頁，14 頁〔橋本泰宏政府参考人発言〕参照。
179）第 208 回国会衆議院厚生労働委員会会議録第 18 号 20 頁〔後藤茂之国務大臣発言〕参照。
180）スタートアップマニュアル案 31 頁参照。

を実際に確認した上で,「意見聴取」や「その他これらの者の状況に応じた適切な方法」がとられなければならないということです。

🍀 3　意見聴取等措置と意見表明等支援事業の関係

　意見聴取等措置と意見表明等支援事業の関係性についても言及しておきたいと思います。

　意見表明等支援事業において子どもの意見表明を支援する場面は,前記本章第2の1（120頁以下）のとおり,ⓐ意見聴取等措置適用場面に掲げられている措置等を行うことに係る子どもの意見又は意向とⓑ3号措置その他の措置が採られている措置中の処遇に係る子どもの意見又は意向の大きく二つの場面になります。こう見ると,ⓑの場面は意見表明等支援事業が単独で活用されるものであり,ⓐの場面は意見聴取等措置の補助的な位置づけとして活用されるものとも解釈できますが,この点については,両者はそれぞれが子どもの意見や意向を把握するための重要な制度であって,一方が他方の補完的な関係にあるというものではないと説明されています[182]。

　意見聴取等措置は意見聴取等措置の制度の下で子どもの意見聴取を適切に行うべきものであり,意見表明等支援事業がなければ十分な意見聴取を行うことができないというような事態が生じないように注意しなければなりません。他方で,意見表明等支援事業についても意見聴取等措置がなされているからといって意見表明等支援事業を実施しなくてもいいというわけでもありません。

　両者の関係性がどのようなものであったとしても,参議院附帯決議において挙げられたように,今後,意見表明等支援事業が全ての都道府県において義務化されること,さらに将来的には一時保護や3号措置等がなされた子どもには必ず意見表明等支援員がつくような制度が構築されることが望まれます。

181）第 208 回国会参議院厚生労働委員会会議録第 16 号 7 頁〔橋本泰宏政府参考人発言〕参照。一例として「乳児について,親と一緒に面談したときと親と離れた乳児院での様子との違いとか,そういったものを観察する」といった説明がなされています。
182）第 208 回国会衆議院厚生労働委員会会議録第 18 号 20 頁〔後藤茂之国務大臣発言〕,第 208 回国会参議院厚生労働委員会会議録第 16 号 9-10 頁〔橋本泰宏政府参考人発言〕参照。

第3　子ども主導

　意見表明等支援員については，WT とりまとめにおいて挙げられた「エンパワメント」，「子ども中心」，「独立性」，「守秘」，「平等」，「子どもの参画」の6つの基本原則を理解する必要があるとされています[183]。いずれも極めて重要な基本原則ですが，ここでは，「子ども中心」すなわち，意見表明等支援員は子ども自身の意見や希望にのみ基づいて活動するという原則（本書では「子ども主導」という表記を用います。）について説明したいと思います[184]。

🍀　1　子ども主導という考え方

　「子ども主導」とは，徹底して子どもの側に立って子どもの声になるという意味です[185]。子どもの許可及び指示の下で活動を行うものであり，仮に，「子どもの意見の内容」と「意見表明等支援員が考える子どもの最善の利益に適う方針内容」とが異なる場合であったとしても，子ども主導のもとで活動を行う，という考え方です[186]。

　この考え方は，意見表明等支援員が意見表明等支援員たるための基本的な行動規範であり，根幹です。大切なことなので繰り返しますが，意見表明等支援員は，中立な立場や子どもの最善の利益ではなく，子どもの側に立ち切り，子どもが自らの意見を表明し，そしてその意見が正当に尊重されるという意見表明権が保障されるための活動を行うことを使命とします。「子どもの最善の利益を考えない」とも表現されます[187]。

　このような考え方は，初めて "アドボカシー" "アドボケイト"（ここでは，

183）ガイドライン案 11 頁，第 208 回国会衆議院厚生労働委員会第 18 号 20 頁〔後藤茂之国務大臣発言〕参照。なお，これら6つの基本原則は特別な専門的スキルというより "心構え" ともいうべきものである点について前掲注 175）参照。
184）他の基本原則の説明については，アドボカシーに関するガイドライン案 11 頁など参照。
185）第 208 回国会衆議院厚生労働委員会会議録第 18 号 28 頁〔後藤茂之厚生労働大臣発言〕，前掲注 33）堀 55 頁参照。
186）前掲注 13）大分県・大分大学権利擁護教育研究センター 20 頁において挙げられているイギリス保健省の「アドボカシーサービスの委託・準拠すべき全国基準」の基準1。ほかに同様の説明をするものとして，前掲注 33）堀 54 頁など。

子どもの意見表明支援を含む支援又はその支援者の意）に触れる方にとっては新鮮で，一方で違和感を覚えるかもしれません。しかし，子どもの意見表明権を支援する者にとっては，極めて重要な理念です。中立な立場を意識して，子どもの行動や決定をコントロールしたり，反対に子どもを意見表明等支援員に依存させるような活動は，子どものエンパワメントの観点からも不適切です[188]。

　例えば，最重度の虐待で一時保護され，家庭環境も改善されず，児童相談所長として家庭復帰させることができないと考えている子どもが，「家に帰りたい。」と意見表明等支援員に訴えたとします。このとき，たとえ意見表明等支援員が（個人的に）「この子どもは家に帰るべきではない。」と考えていたとしても，子どもの「家に帰りたい。」との意見を傾聴し，子どもの「代理人」（条約12条2項）として子どもの意見を児童相談所に正確に伝え（意見表明等支援事業の「連絡」），そしてその意見が正当に尊重されるように活動することが意見表明等支援員の使命です。さらに，子どもの希望である家庭復帰が実現するためにはどうすればよいのかを子どもと一緒に考えるのが意見表明等支援員の役割です。

　子どもの希望を叶えることが子どもの最善の利益に適うかどうかを判断するのは，あくまで児童相談所長などの決定権者です。意見表明等支援員は，子どもの希望が叶うかどうかについて，さらには子どもの希望の内容が子どもの最善の利益に適うかどうかの判断はしません。このような立場・役割の違いゆえに，意見表明等支援員には独立性が求められるのです（前記本章第2の2(3)イ（128頁以下参照））。

　この点に関して，熊本学園大学の堀正嗣先生は以下のように述べられています。

187）前掲注33）堀56頁。さらに，前掲注3）栄留105頁では，「ソーシャルワーカー等の専門職とは異なる立場のアドボケイトが最善の利益をとらないと明言することは，子ども主導を理解する上で重要なことである」とされています。アドボカシーに関する研究や書籍ではこのような考え方は極めて重要な基本原則であると考えられておりガイドライン案においても，意見表明等支援員が（最善の利益について判断する）意見を表明する相手方に立っている印象を子どもに与えてはならないと明記されています（ガイドライン案37頁）。筆者もこのような考え方の立場に立脚します。なお，アドボカシーの理念や活動に関しては，これと異なる考え方もあるようですが疑問です。

188）前掲注13）大分県・大分大学権利擁護教育研究センター26頁。

　　子ども福祉の関係者の集まりで「子ども主導」についてお話すると，「子どもが『家に帰ってお母さんと暮らしたい』と言ったらすぐに帰すんですか」と言われることがあります。「そうしたら大変な虐待を受けることは目に見えている場合でもそうするんですか」と疑問を持たれる方もあります。

　　アドボケイトも「家に帰るのは難しいな」と思うことがあるかもしれません。そうした場合に，子どもに対して情報提供はしますが，誘導は決してしません。アドボケイトは子どもの声だからです。自分の考えは括弧に入れて徹底して子どもの声に寄り添います。情報提供して，一緒に考えて，その上で子どもが「家に帰りたい」と伝えることに決めたら，その思いを代弁していきます。どうすればその思いが伝わるか，どうすれば帰れるようになるかを一緒に考えます。そのために動きます。それがアドボケイトの立ち位置です。

　　※堀正嗣（2020）「子どもアドボケイト養成講座　子どもの声を聴き権利を守るために」（明石書店）56頁より引用

🍀 2　子ども主導と子どもの最善の利益

(1)　「ケースワーカーを一人増やすことに意味はない。」

　"子ども主導"という考え方を説明する際，筆者は「ケースワーカーを一人増やすことに意味はない。」という表現をよく用います。

　上記の例でいうと，子どもの希望を聞いた意見表明等支援員は，「あなたが家に帰りたいという気持ちはわかるけれど，それはあなたのためにならないよ。」といった説明や説得をしたくなるかもしれません。しかし，そのような説明や説得は，意見表明等支援員が子どもの声から離れて（勝手に）子どもの最善の利益を判断した上での発言です。

　「あなたの意見は分かるけれど，それはあなたのためにはならない。」と言う大人を一人増やすことに意味はないと筆者は考えています。それはたとえ，「意見表明等支援員としては，家に帰るのが望ましいとは思わない。」といった

133

直接的な表現でなく，「あなたの家に帰りたいという気持ちはわかるけれど，意見表明等支援員としては家に帰るのは適切ではないと思う。でも，あなたがそういう気持ちを持っているということは大事なことだから，それは児童相談所の職員に伝えるね。」というような言い方であっても同じです。子ども主導のもとで活動すべき意見表明等支援員が客観的な子どもの最善の利益の立場に立って子どもを説得・誘導すること，ひいては子どもの意見を変容させることを目的に働きかけることは，子ども自身が「この人には自分の意見を素直に言ってみよう。」という気持ちを封じ込めてしまう危険性があります[189]。

「アドボケイトは子どものマイクである。そして，マイクは勝手に喋らない」との言葉があるとおり[190]，マイクであるはずの意見表明等支援員が子ども主導を離れて，勝手に話し始めることは様々な問題を生じさせることにつながりかねません。何度もいいますが，意見表明等支援員の役割・使命は，子どもの意見を真摯に聴き取り，それを児童相談所長等の決定権者に正確に伝え，子どもの意見が正当に尊重されるように働きかけ，場合によっては権利擁護機関に申出等を行うことです（意見表明等支援員は条約12条2項の「代理人」としての立場で活動を行う存在です。前記第1章第2の1(3)（25頁以下）参照）。

他方で，「アドボカシーサービスの委託・準拠すべき全国基準」の基準5では「求められたときにはただちにアドボカシーは援助と助言を行う」（Advocacy gives help and advice quickly when they are requested.）ともされています。しかし，ここでいう「援助と助言」とは，アドボケイトにはどのような支援ができて，どのような支援ができないかについての情報提供という意味です（全国基準5.3「Clear information is provided about what the service can and cannot provide.」）。例えば，一時保護に対して子どもが不満を持っている場合，どういう方法があるのかの選択肢（CWに伝える，CPに伝える，第三者機関に伝え

---

189) アドボケイトは子どもが望むことのみを代弁するのであって，そこにアドボケイト自身の願いや思いが入る余地はない，アドボケイトは子どもが望むことに賛成しない場合であったとしても子どもが望んでいるのであればそれに従わなくてはならない，と説明するものとして前掲注11) 堀編著226頁。また，意見表明等支援員が先入観を持つことなく子どもの意見表明を支援するために，不必要な情報を意見表明等支援員に提供すべきでない点については，後掲注191) 参照。
190) 前掲注33) 堀16頁，前掲注24) 栄留ほか16頁など。

る，審査請求を行うなど）についての情報提供を行い，また，それらの手続に対して子どもはどのような参加が可能でどのように意見を表明することができるのか等について，子どもが理解できるように伝えます。場合によっては，それらの申出が認められる可能性が高いのか低いのか等についての情報提供を行うこともあるかもしれませんが，アドボケイトが行うのは「援助と助言」（gives help and advice）又は情報提供（Clear information is provided）です。"子どもの最善の利益"の視点に立った"誘導"や"説得"などによって，子どもに意見を変えさせることにつながるような言動はすべきではありません。

(2)　意見表明等支援員が子どもの最善の利益の立場に立つことの危険性

　意見表明等支援員が子どもの最善の利益の立場に立つことに関して，上記の子ども自身の気持ちを封じ込めることにつながってしまいかねない点に加えて，筆者の考えとして，別の危険性があることも述べておきたいと思います。

　児童相談所においては様々な専門職がそれぞれの立場で子どもや家庭状況等を調査・評価した上で方針を決定します。施設や里親宅での生活においては施設職員や里親が毎日のように子どもの様子を観察し，さらには児童相談所職員などとも情報を共有しつつ日々の生活を支援しています。

　他方で，意見表明等支援員は，このような児童相談所による支援経過や，施設や里親宅等での生活状況等を全て把握しているわけではありません[191]。

　例えば，一時保護されている子どもは家庭復帰を望んでいるが，意見表明等支援員としては，（意見表明等支援員が把握している限られた情報のもとでは，）子どもが家庭復帰することが望ましくないと考えている場合を想定します。しかし，日々激しく動くケースワークの中で，児童相談所としては，当初は家庭復帰が難しいと考えていたが，その後，家庭復帰が望めるようになってくるということがありえます。このとき，子どもは家庭復帰を希望している，児童相談所としても家庭復帰に向けてケースワークを行っている，他方で意見表明等支援員は家庭復帰が望ましくないと考えているという状態になります。このよう

191）児童相談所が意見表明等支援員に対して全ての情報を開示することは想定しづらいですし，過度な情報を意見表明等支援員が持った状態で子どもと面接し，子どもに説明等することは，子どもの自由な意見表明を阻害する可能性があることも指摘されています（第208回国会参議院厚生労働委員会会議録第18号2頁〔橋本泰宏政府参考人発言〕参照）。

な状況の下で意見表明等支援員が，自身の考える子どもの最善の利益の立場に立って子どもに説得等することは，子どもにとって何らの利益ももたらしません。

このように「意見表明等支援員が考える最善の利益に適う支援方針」と「児童相談所が考える最善の利益に適う支援方針」とがそもそも一致するとは限らないということにも留意する必要があります。

🍀 3　守秘義務に関する子ども主導

(1)　意見表明等支援員の守秘義務

意見表明等支援員の活動と子ども主導に関連する重要な事項として，意見表明等支援員の守秘義務があります（WT のとりまとめの6つの基本原則の中にも「守秘」が挙げられています。）。

子どもから様々な意見を聴き取った意見表明等支援員は，これを誰に伝えることが許されるのでしょうか。施設措置中の子どもが施設のルールに不満があるなら施設職員や施設長に伝える，一時保護や里親宅への措置等に不満や希望があるなら児童相談所の職員に伝える，ということが想像できそうですが，本当にそうなのでしょうか。そこに制限はないのでしょうか。

この点について WT とりまとめでは，「意見表明支援員は…（中略）…必要な場合には，子どもの同意を得て代わりに伝えたりすることが基本である。」（WT とりまとめ 10 頁）としています。参議院厚生労働委員会においても，改正児童福祉法 34 条の 7 の 2 第 5 項の守秘義務を踏まえた上で，意見表明等支援員は子どもから把握した意見を関係機関等に連絡調整を行う際には，原則として子どもの同意を得た上で伝達するものであると説明されています[192]。

すなわち，子どもから聴き取った意見を誰にどのようにいつ伝えるかという点も，あくまで子ども主導であるということです。意見表明等支援員がケースワーカー等に伝えた方がよいと思ったことであったとしても，子どもが「今は話さないでほしい。」と言うのであればそれに従う必要があります[193]。子ども

---

192) 第 208 回国会参議院厚生労働委員会会議録第 18 号 3 頁〔橋本泰宏政府参考人発言〕参照。また，伝達する方法やタイミング等についても，子ども主導で決定される必要があります（前掲注 126）栄留ほか 86 頁参照）。
193) 前掲注 11）堀編著 113 頁以下参照。

は意見表明等支援員に対して,「この人は秘密を守ってくれる。」との安心・信頼があって自分の気持ちを述べることができます。前記本章第 3 の 2 (1)（133頁以下）記載の「マイクは勝手に喋らない」との考えは, このような子どもに対する守秘義務についても同様であると考えます。

⑵　守秘義務の例外と子どもへの説明

　他方で例外として「子どもが伝えないでほしい。」と言ったことでも, それを児童相談所職員等に伝えることもあります[194]。この点についてイギリス保健省の「アドボカシーサービスの委託・準拠すべき全国基準」では, 基準 7.3 は「プライバシーを常に尊重し, 子どもの同意なしにはサービス外に漏洩しないということを子どもに保証する。」と定める一方で,「ただし子ども自身や他の人に「重大な侵害」が及ぶことを防ぐのに必要な場合や裁判所が命じた場合にはこの限りでないということを伝える。」と規定しています[195]。

　一時保護所内や施設内で虐待等を受けている場合などには, 子どもが「言わないで。」と訴えていても, 意見表明等支援員はこれを適切な機関に通告等することが求められることになります。ただし, この点は, 意見表明等支援員が子どもと初めて会う際, 又は子どもと面接するたびに事前に説明しておく必要があります[196]。子ども主導の下で行う意見表明等支援員の活動が, 子どもにとって"不意打ち"であってはなりません。

✿　4　意見表明等支援員と児童相談所等の関係機関との関係性

　子ども主導に関しては, 前記本章第 3 の 1 （131 頁以下）のような「家に帰りたい子ども」と「家には帰すことのできない児童相談所」という場面についてお話をすることがよくあります。もちろん, このような場面における意見表明等支援員の役割や立ち位置を理解しておくことも必要なのですが, 意見表明等支援員の役割・活動は, 児童相談所や施設等と対立すること, ましてや児童相談所や施設等を打ち負かすことが本質ではありません。他方で, 児童相談所や施設等と一緒になって子どもを説得したり, 子どもの意見を変更するよう促

194）スタートアップマニュアル案 52 頁。
195）前掲注 13）大分県・大分大学権利擁護教育研究センター 20 頁以下。
196）堀正嗣『子どもの心の声を聴く　子どもアドボカシー入門』44 頁（岩波書店, 2020）。

したりするようなものでもありません。前記本章第2の2(3)ア（127頁以下）でも述べましたが，意見表明等支援員は，児童相談所等が子どもの最善の利益を第一次的に考慮して判断・決定を行うことができるようにするために活動を行う子どもの「代理人」です（前記第1章第2の1(3)（25頁以下）。子どもの声に真摯に耳を傾け，児童相談所等に対して子どもの意見を正確に伝え，児童相談所等の判断過程において子どもの意見が正当に尊重されるよう働きかける存在です。

　実際に意見表明等支援員が活動する場面は，「家に帰りたい子ども」と「家には帰すことのできない児童相談所」という場面（だけ）ではなく，子どもの日常生活に関する場面が多くなるのではないかと予想します。

　例えば，一時保護所や施設等でのルールに関するものが典型例です（前記第2章第1の2(2)イ（62頁以下）及び同3(2)（69頁以下）参照）。一時保護所や施設等のルールに対する不満等の意見を子ども本人が児童相談所や施設等に伝えられるようにエンパワメント（又は代弁）し，児童相談所や施設等がルールの在り方を検討する際に子どもの意見が正当に尊重されるように働きかけます。子どもの意見が100%叶うものではなかったとしても，子どもの意見が一部でも叶えられるような（子どもの権利をより制限しない方法での柔軟な）対応ができないか働きかけを行います。審査請求や権利救済機関への申立て等も重要な活動の一つですが，まずは，子どもが自分の権利や自由を十分保障される中で生活を送れるよう，子どもをエンパワメントする存在として児童相談所や施設等に働きかけていくことが重要だと筆者は考えます[197]。

　意見表明等支援員は（児童相談所や施設の職員等とは異なり）"子ども主導"で活動する者ですが，その活動は，子どもに最善の利益をもたらすものとして機能するものであると考えます。

197）ガイドライン案37頁では，児童相談所等の関係機関が，子どもの意見は最善の利益にならないと判断して子どもの要望を受け入れられない等のケースにおいては，意見表明等支援員は，その理由や子どもの最善の利益にならないと判断した論拠や考えについて子どもが理解できるよう対応する責務があることを，子どもの代弁者として関係機関に告げなければならない，と説明しています。意見表明等支援員が子どもの最善の利益の立場に立たない以上，このような子どもへの説明は子どもの最善の利益の立場に立つ児童相談所等の関係機関が行うべきこと（意見表明等支援員が行うべきではないこと）は当然であると考えます。

子どもの意見表明権の保障のための
制度構築に向けて
──兵庫県明石市におけるこどもの意見表明支援制度──

はじめに

　令和4年6月に改正児童福祉法が成立し，その参議院附帯決議では，子どもの意見表明権に関する事項がいくつも挙げられています。その中には，「一時保護された子どもが自由に意見を表明する権利を確保するために，児童の権利に関する条約第12条第2項に照らし，代理人との相談・面会を希望する子どもに対し弁護士を派遣することができる事例」[198]について言及されています。

　そこで，本章では，子どもの意見表明権の保障のための制度の一例として令和3年10月に明石市が兵庫県弁護士会（以下「弁護士会」といいます。）に業務委託して制度化された「兵庫県明石市におけるこどもの意見表明支援制度」（以下「本制度」といいます。）[199]について紹介したいと思います（適宜，参考までに明石市と弁護士会との契約書や仕様書等の一部を紹介しています。）[200]。本制度についてはいくつもの課題がありますが，本制度が各地における子どもの意見表明権を保障する制度構築の参考になるのであれば，すなわち，全国各地の一人ひとりの子どもが自分の人生を歩くための一助となるのであれば，同制度の立案者として，また構築に携わった者の一人として本望です。

　また，参議院附帯決議では，「意見表明等支援事業に関し，子どもの意見・

198）参議院附帯決議14項。
199）兵庫県や神戸市も同様の制度構築をしていますが，本書における説明は，あくまで明石市における制度に限ったものになります。
200）筆者は令和5年4月現在，奈良市にある「奈良市子どもセンター」の常勤弁護士として執務していますが，本制度を立案しその後の構築に携わった令和3年度までは兵庫県明石市にある「明石こどもセンター」で執務していました（既に明石市職員の身分を有しない筆者が，明石市の制度である本制度に関して，契約書や仕様書を含めて本書で紹介することについてご快諾してくださった明石こどもセンター田中典子所長及び兵庫県弁護士会の曽我智史弁護士に改めてこの場で感謝申し上げます。）。

意向表明や権利擁護に向けた環境整備について，都道府県によって差が生じることで子どもに不利益となることがないよう」（9項）に，そして，改正児童福祉法施行後においても，「意見表明等支援事業の成果と問題点の双方について実施状況を調査し，次期児童福祉法改正時に，同事業を全ての都道府県の義務とすることを含め必要な見直しを検討すること。」（11項）と指摘されています。住んでいる場所によって権利が十分に保障されないということは不合理です。子どもの権利は公平に保障されなければなりません。

　そこで，今後，各地で意見表明等支援事業の構築が検討されることを願いつつ，筆者の考える検討される際の留意点等についても述べたいと思います。

 第1　兵庫県明石市におけるこどもの意見表明支援制度

 1　本制度構築のきっかけ

　本制度の具体的内容を説明する前に，筆者が本制度を立案しようと思った理由やきっかけについて，本制度の必要性とあわせて説明したいと思います。

(1)　児童相談所における方針決定の際の子どもの意見表明権の保障

　当然ながら，本制度の目的は子どもの意見表明権を保障することです。

契約書①：契約の目的

> 　本契約は，児童の権利に関する条約の理念にのっとり，子どもの最善の利益を図り，子どもの意見表明権を実質的に保障することを目的とする。

　筆者は，子どもの意見表明権の保障は，子どもが自分の人生を歩くために必要不可欠なものであると考えています。子どもが「自分の人生を自分の知らないところで大人に勝手に決められた。」という想いをしないようにするためには，自分に影響を及ぼす事項が決定される際に自分の意見を自由に表明でき，表明した意見が正当に尊重され，そして，決定権者による決定の理由や判断過程などについて子ども本人が分かるように対話を含めたフィードバックがなされる必要があると考えます（前記第1章第1の1(5)ウ（19頁以下）及び同章第2

の2(1)（26頁以下）参照）。

　しかし，例えば，子どもの支援方針を決定する児童相談所における援助方針会議では，子ども本人は出席せず，担当のCWやCPなどがあらかじめ子どもの希望を聴き取り，それを会議の場で共有し，児童相談所長をはじめとする職員のみで方針決定を行うのが通例となっているのではないでしょうか。しかしながら，児童相談所の職員が子どもの「代理人」として子ども主導の下で子どもの意見表明権の保障のために活動することが独立性の観点から難しいことは，前記第3章第2の2(3)イ（128頁以下）で述べたとおりです。

　筆者としては，自分に関する決定を行う会議の場には子ども本人が出席できることが望ましいと考えています[201]。しかし，実際に子ども本人が援助方針会議等に出席することには様々なハードルがあります。例えば，これらの会議の場では，保護者等の子どもに対する（場合によっては否定的な）率直な想い，関係者の情報や意見などが会議の資料として共有されます。しかし，これらの情報を子ども本人が知ることは，子どもに精神的に大きなダメージを与えてしまうことになるということも考えられます。また，何人もの大人が議論する会議の中で子どもに意見を求めること自体が子どもにとって負担となるという考えもあるかもしれません。

　そこで，子ども本人が出席することに弊害があるのであれば，子どもの代理人である大人がこのような会議に出席することによって，（代理という形ではありますが，）子どもの意見を会議の場で表明できるのではないかと考えました。条約12条2項に規定されている「代理人」を通じて子どもの意見表明権を保障する方法です。これが，本制度構築のきっかけの一つです。

(2)　一時保護又は3号措置されている子どもの権利保障

　一時保護等された子どもの権利保障も本制度構築の理由の一つです。一時保護ガイドラインには，一時保護された子どもの権利擁護について様々な記載がなされています[202]。しかしながら，令和元年度における一時保護の件数は全

201）前掲注127）三菱UFJリサーチ＆コンサルティング220頁では，子ども本人が援助方針会議に出席するなどして，子ども本人が自身の生活等の在り方を考え，意思を伝え，自己決定できるように支援をしていくことの重要性が指摘されています。
202）一時保護ガイドラインII 2（3-7頁），II 3（7-10頁），V（32-44頁）など。

国で 52,916 件にものぼり，特に都市部などでは一時保護所の定員にかかる平均入所率が 100 ％を超えています[203]。そのため，職員一人あたりがカバーしなければならない子どもの数が多く，子ども一人ひとりに対する細かな支援やフォローを十分に行うことが困難となっているという現状があります。

　そして，職員に余裕がないとどうしても管理的な側面が強い制約をかけてしまうことにつながってしまいます。そして，それによって不利益を被るのはやはり一人ひとりの子どもたちです。こうした現状は現場の児童相談所や施設等だけでは対処しようのない国レベルで改善が必要な課題も含まれていると思います。しかし，だからといって，それによる不利益や権利制限を子どもに甘受させてしまうことは適切ではありません。

　そして，仮に一時保護等されている子どもが，自分の権利が過度に制約されているとして不服申立てをしたいと考えていたとしても，その方法が直接自分で職員等に伝えなければならない手段に限られてしまっていると，そのハードルを子どもが一人で越えることは難しいと思います。手紙やはがきをポストに投函する方法等ではタイムラグが生じてしまいますし，そもそも自分の意見を書いた手紙が誰にまで読まれ，どのように扱われるのかが分からないとやはり子どもはとまどってしまうのではないでしょうか（前記第 1 章第 1 の 1(1)ウ（7 頁以下）参照）。さらには，職員からの"報復"を受けるのではないかとの不安を抱く子どもも一定数いると思われます。

　そこで，実際に，自分の権利が侵害されたような場合や意見表明権を含む自分の権利を行使する際には，児童相談所から独立した立場で子どもの支援をする第三者の存在が必要だと考えました。

　少し余談となりますが，そもそも自分にどのような権利があるのか，またそれはどのように行使することができるのかを十分に理解していない子どももいます。一時保護等された子どもに「権利ノート」を配布している児童相談所も多いかと思いますが，実際にそれを読んで理解できる子どもばかりではありません。筆者としては，自分にはどのような権利があるのか，またその権利はどのように行使することができるのか，さらに権利が侵害された場合にはどのよ

203）前掲注 81）「一時保護の手続等に関する基礎資料集」11-12 頁。

うな手段を講じることができるのかについて理解できる機会が子どもにとっては必要だと考えます[204]（筆者はこれを「権利教育」と呼んでいます。）。自分の心理面や精神面等について正しい知識や情報を得ることできる「心理教育」のように，自分の権利に関して正しい知識や情報を得る「権利教育」が極めて重要であると考えます。

(3)　子どもシェルターにおけるコタン制度[205]

　現在全国約20か所で運営されている「子どもシェルター」におけるいわゆる「コタン」制度も本制度構築の大きなきっかけの一つです。

　子どもシェルターとは，「子どもシェルター全国ネットワーク会議　規約」によれば，「困難を抱える子どもへの緊急支援，短期の滞在期間での集中的な支援，弁護士が運営にかかわり法的支援を行える体制等を主な特色として行われるものであり，児童自立生活援助事業実施要綱の第12に定めるものである」（同規約4条）とされ，小規模な家庭的雰囲気を保った子どもの緊急避難場所といった様々な特色を有する施設です[206]。子どもシェルターへの入居経緯については，子どもが自分でシェルターに駆け込んでくる場合もありますが，多くは一時保護委託先としてシェルターに入ってくることになります。

　これだけみると単なる一時保護委託先の一つに思われるかもしれませんが，子どもシェルターの大きな特徴の一つは，シェルターに入居する子ども一人につき「子ども担当弁護士（通称・コタン）」がつくということです。前記規約4条(6)において，子どもシェルターの特色の一つとして「利用する子どもに子ども担当弁護士をあっせんするなど，子どもの意見表明を具体化させる方策がはかられている」ことが挙げられています。一人ひとりの子どもにコタンがつき，コタンは児童相談所等から独立した立場で，自分が担当する目の前の子ども一人のために活動を行います[207]。

204）前掲注7）平野訳（2009）パラグラフ120参照。
205）子どもシェルターについての詳しい説明等は，坪井節子編集代表『お芝居から生まれた子どもシェルター』（明石書店，2006）参照。
206）子どもシェルター全国ネットワーク会議　規約（https://carillon-cc.or.jp/site/wp-content/uploads/terms.pdf）。
207）日本弁護士連合会「「子どものためのシェルター」の公的制度化を求める意見書」（2011年2月18日）。

　筆者も何人かの子どものコタンとして活動した経験がありますが，コタンの活動は多岐にわたります。家庭での辛い思いを話す子どもの声に耳を傾けたり，シェルター内での不満を聴いてそれを児童相談所やシェルターの運営者等に伝えたりすることもあります。子どもがリラックスしてシェルターで過ごせるように，またコタンとの信頼関係を築くために，一緒にゲームで遊んだり，勉強を教えたり，シェルター内で一緒にご飯を食べたりすることもありました。そして当然のことながら，今後の処遇等について子どもから意見を聴き取れば，それを児童相談所の担当ケースワーカーなどに子どもの意見を伝えることもありました[208]。

　このように子ども一人に弁護士がつく子どもシェルターですが，あくまでも弁護士などが中心となっている民間の団体が各地で運営しているものであり，また，全ての都道府県内に子どもシェルターがあるわけではありません。そして，子どもシェルターが設置されている地域であっても，シェルターに入る子どもにはコタンがつきますが，子どもシェルター以外の場所で（委託）一時保護されている子どもにはコタンがつきません。しかし，一時保護される場所が子どもシェルターかそうでないかによって，子どもに弁護士をつける必要性は変わらない（少なくとも必要性が減少するものではない）と思います。

　このように，子どもシェルターにおけるコタンを参考にしつつも，子どもシェルター以外の場所で一時保護されている子ども，さらには3号措置された子どもであっても，"子どもの味方"となる大人が子どもに寄り添い，子どもの権利，とりわけ子どもの意見表明権が保障される仕組みが構築されるべきであると考えたことも本制度構築のきっかけの一つでした。

⑷　児童相談所における弁護士配置と保護者側の弁護士

　本制度構築の主なきっかけは前記⑴から⑶の3点ですが，補足として児童相談所における弁護士配置についても触れておきたいと思います。

　児童福祉法12条4項は，法律に関する専門的な知識経験を必要とする児童相談所の業務を「常時弁護士による助言又は指導の下で適切かつ円滑に行うた

208）コタンの活動について，木村草太編『子どもの人権をまもるために』〔山下敏雅〕（2018，晶文社）249頁，浦弘文「児童虐待問題に関して弁護士ができること　～コタン及び自治体内弁護士の視点～」自由と正義69巻3号31頁参照。

め，児童相談所における弁護士の配置又はこれに準ずる措置を行うものとする。」と規定しています。児童相談所の弁護士配置に関する規定ですが，全国では，嘱託や契約，非常勤弁護士として弁護士配置をしている児童相談所もあれば，弁護士を常勤として配置している児童相談所もあります[209]。児童相談所長は一時保護や立入調査等の強力な権限を有しているため，それらの権限行使が適切に行われるように，また裁判手続等が適切かつ迅速に行われるようにするためなどの目的で弁護士の配置がなされています。

　他方で，子どもを一時保護等されてしまった保護者も，児童相談所長が行った一時保護や3号措置等の適法性などを裁判手続等で争うために弁護士に依頼することがあります。保護者から依頼を受けた弁護士は，保護者と児童相談所職員との面接に立ち会ったり，一時保護等に対する審査請求手続を行ったり，裁判手続では保護者の代理人としての活動を行います。

　このように児童相談所には弁護士が配置され，保護者側にも弁護士がつき，その結果として弁護士同士の専門的な法律論争が行われる場合も珍しくない中，一時保護等によって最も影響を受け，様々な権利が制限される子ども本人には弁護士はおろか自分の代理人として活動してくれる大人がいません。筆者はこの点にバランスの悪さを感じていました。

❖ 2　本制度の概要

　以上のような考えのもとで筆者が本制度を立案し，明石こどもセンター（以下「センター」といいます）内での協議，弁護士会や施設等との協議を経て，令和3年10月1日に本制度がスタートしました（本制度開始に至るまでの経緯は後記本章第1の4（165頁以下）で詳しく述べたいと思います。）。

　本制度を簡潔に述べると「一時保護や里親宅，施設等で生活している子ども（18歳以上の者も含む。本制度の説明において以下同じ）のもとに弁護士を派遣する。子どもが希望した場合には子どもは弁護士と直接契約を結び，弁護士は意見表明支援員として，児童相談所等の関係機関から独立した立場で，子どもの意見表明権をはじめとする子どもの権利擁護のために，子ども主導のもとで

209）児童相談所に常勤弁護士がいる効用に関して，前掲注68）久保496頁以下参照。

様々な活動を行う」という制度になります。

契約書②：業務の委託

> 　委託者は，センターが児童福祉法 33 条に基づいて一時保護（委託一時保護を含む。以下「一時保護等」という。）を行った者，同法 27 条 1 項 3 号又は同法 33 条の 6 の規定に基づいて措置又は委託している者及び社会的養護自立支援事業における居住に関する支援を受けて里親宅や施設等において生活している者（以下，併せて「対象児童等」という。）の意見表明支援業務を受託者に委託し，受託者はこれを受託する。

　なお，令和 3 年 10 月の本制度開始当初，本制度の対象は一時保護又は委託一時保護されている子どもに限定されていましたが，令和 5 年 1 月，3 号措置がなされている子ども，社会的養護自立支援事業を利用して里親宅や施設等で生活している子ども及び自立援助ホームに入居している子どもについても本制度の対象となりました（以下，子どもが一時保護若しくは 3 号措置され，又は社会的養護自立支援事業を利用して里親宅や施設等で生活し，若しくは自立援助ホームに入居することを「一時保護等される」などと表現します。）。このような本制度の拡充は筆者がセンターから異動した後に実現したものになります。

⑴　本制度を利用するまでの大まかな流れ

　本制度については後記本章第 1 の 3 （157 頁以下）で説明するとおり，様々な特徴がありますが，まずは本制度の全体像を把握してもらうために本制度の利用の流れについて説明したいと思います（図 11「意見表明支援員が派遣されるまでの流れ」参照）。

【図11】意見表明支援員が派遣されるまでの流れ

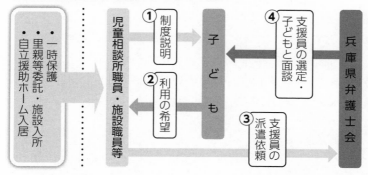

　まず，①子どもが一時保護等された後に，センター職員や施設職員等（以下「センター職員等」といいます。）が子どもに対して本制度の説明を行います。②その後，子どもから本制度を利用したい旨の希望があればそれを聴き取ります。③子どもから本制度の利用の希望を聴き取ったセンター（利用希望の意思を施設職員や里親等が聴き取った場合には，その旨をセンターに報告してもらいます。）は，弁護士会に対して意見表明支援員（以下「支援員」といいます。）となるべき弁護士の派遣依頼を行います。

　そして，④派遣依頼を受けた弁護士会は，名簿に登載されている弁護士の中から当該事案において活動が可能な弁護士を選定し，選定された弁護士は，子どもが一時保護等されている場所などにおいて子どもと面接を行います。そして，子どもが弁護士（支援員）と契約すれば，支援員はその後も引き続き子どもの権利擁護のための様々な活動を行うこととなります。

　以下，上記の流れについて一つずつ説明したいと思います。

(2)　子どもに対する説明

ア　説明の内容

　子どもに対する本制度の説明は，一時保護等がなされたあと速やかに，センター職員等が行います。実態としては子どもが一時保護等された当日又は翌日に説明することがほとんどです。そのため，子どもに対する説明は，一時保護等されたことによって子どもは複雑な感情を抱いている可能性が高いことに留意し，まずは，安心して話ができる関係性の構築[210]に努めます。

　また，本制度を利用する子どもは10歳の子どもの場合もあれば，高校生の

場合もあります。そのため，説明する職員としても，その子ども一人ひとりの
理解力等に応じた説明を行うことが求められます。

　以下では，筆者が子どもに対して実際に行った本制度の説明の際のやりとり
について，一部改変した上で紹介したいと思います（筆者の発言を「筆」，子ど
も（虐待によって一時保護された中学2年生）をAさんとしてその発言を「A」と
表記します。※ラポール形成のためのやりとりは省略します。）。

> 筆「Aさんは弁護士って知ってるかな？」
>
> A「え？　ん〜……聞いたことはあるけど，あんまり知らない。」
>
> 筆「どこで聞いたのかな？　ドラマとかゲームとか映画とかかな？」
>
> A「うん。○○っていうドラマで見たことある。」
>
> 筆「じゃあ，そのドラマのイメージでもいいんだけど，Aさんは「弁護
> 　士」って聞くとどういう印象があるかな？」
>
> A「なんか，裁判とかで悪い人の味方をするイメージ。あとは，だまされた
> 　人のために裁判する人……かな。」
>
> 筆「うん，なるほど。教えてくれてありがとう。」
>
> 筆「「突然，何の話？」って思うかもしれないんだけど，簡単に言うと，弁
> 　護士っていうのは，困っている人の味方をしてくれる人なんだ。裁判って
> 　いうイメージが強いかもしれないけど，裁判だけじゃなくて，話し合いと
> 　かも含めて，困っている人の代わりに，または困っている人と一緒に，困
> 　りごとを解決するために働く人のこと。なんとなく分かるかな？」
>
> A「うん。分かる。」
>
> 筆「それでね，Aさんも今，突然一時保護をされて，知らないところに連れ
> 　てこられて，知らない大人に囲まれて生活をしているけれど，これから
> 　困ったり不安になることもあるかもしれないし，もしかしたら，もう既に
> 　困っていることや不安に思っていることもあるかもしれない。」
>
> A「うん。」

---

210) 司法面接（協同面接）の実施等において「ラポール形成」といわれるものです（仲真紀子
　編著『子どもへの司法面接―考え方・進め方とトレーニング』（有斐閣，2016）9頁。

筆「だから，Aさんにも弁護士をつけることができる制度があるんだ。「こういうところで困ってる」，「これが知りたい」，「これは嫌だ」，「これがしたい」っていうことを弁護士が聴いてくれる。でも，「弁護士に絶対に話さなきゃいけない」ってことでもないし，「センターの職員さんに話せるからいらない」ってことでもいいし，「とりあえず会ってみたい」ということでもいいし。」

A「うんうん。」

筆「弁護士を呼ぶのにお金はいらないし，お父さんやお母さんに内緒で呼ぶこともできる。Aさんが弁護士に話した内容は基本的には，AさんがOKしない限り，センターの職員にも言わないでいてくれる。ここの職員さんには話しづらいことがあったら，どうすればいいか一緒に考えてくれるし，Aさんの代わりに言ってくれることもある。困ったことがあったら何でも話してもいいよ。」

A「分かった。」

筆「今，説明したばかりだから，すぐには決めれなかったら，また会いに来るからその時でもいいし，日記（一時保護所において毎日書くことになっている）に書いてくれてもいいし，弁護士を呼びたくなったときにここの職員さんに伝えてくれたらいいからね。」

A「うん，でも会ってみたいかも。」

筆「会ってみる？　分かった，じゃあ呼ぶね。でも，今日すぐは難しいかもしれない。明日とか明後日とかになるかもしれないけど，大丈夫かな。」

A「うん。」

筆「あと，希望は叶わないかもしれないけど，「来てくれる弁護士さんはこういう人がいい」とかあるかな？」

A「例えば？」

筆「性別とか年齢とか。」

A「ん〜……できれば女の人の方が話しやすいかも。」

筆「分かった。絶対女の人になるとは約束できないけど，Aさんが女の人を希望している，っていうことは伝えとくね。」

A「うん。」

149

筆「ほかに，何か言いたいこととか，聞きたいこととかあるかな。」

Ａ「ん〜……今はないかな。」

筆「分かった。これからも何回か一時保護所に顔出しに来るから，その時に何か聞きたいこととから言いたいことあったら教えてね。ぼくじゃなくても，言いやすい職員さんがいればその人に伝えてね。」

Ａ「うん。分かった。」

　筆者が説明する流れは，概ね上記のとおりです（実際には，その後，再び関係のない話（「この後は何をする予定なの？」など）をして，よりリラックスした状態で，面接室等から出てもらうようにしています。）。

イ　説明の際の留意点

　上記のとおり，この段階において，支援員を務める弁護士に関して，法律や裁判手続などの難しい話や細かい説明はせずに，主に弁護士（支援員）は困っている人（子ども）の味方になってくれる存在であることを理解してもらうことに主眼を置いて説明します。その上で，一時保護等されたことによってこれから生じるかもしれない（又は既に生じている）様々な不安や不満について支援員が話を聴いてくれること，支援員はあなたが伝えたい人に伝えたいことを伝えることを手伝ってくれることといった支援員の役割だけでなく，支援員を呼ぶのにお金はかからないことや保護者に了解を取る必要はないことなどについても説明します。支援員を呼ぶことのハードルを可能な限り下げるためです。

　また，先ほども述べたとおり，子どもへの説明は，基本的には一時保護等をされた当日又は翌日に行うことが多いです。例えば，子どもにとっては，予期せずに一時保護された日になります。学校から家に帰って，宿題をして，友だちと遊ぶ，そんな予定が突然なくなり，お父さんにもお母さんにも会えずに初めての知らない場所に連れて来られた日です。担当のＣＷやＣＰ，さらには一時保護所（又は委託一時保護先）の職員など多くの知らない大人から様々な話を聞かされ，いつ帰ることができるのかも分からずに大きな不安が押し寄せる日となります。そのため，一時保護等された当日に本制度の説明をしたとしても，十分に理解できずに利用を躊躇する子どももいます。

　そのため，筆者が子どもに本制度の説明をする際には，本制度の説明を再度聞きたくなった場合にはいつでも声を掛けてくれればよいこと，毎日の日記や一時保護所等に設置されている意見箱等にその旨を書いてくれてもよいことなども併せて説明するとともに，子どもから数日経っても何らの反応もなかった場合には，改めて本制度の利用希望について確認をするといった工夫をしていました。

　なお，子どもによっては「弁護士に言えば全ての希望が叶う。」と勘違いしてしまう子どももいます。必ずしも子どもの言った希望が全て叶うわけではないこと[211]などは支援員から子どもに説明すべきことだとも思われますが，本制度を説明した段階で既にこのように思い込んでしまっている子どもに対しては，「弁護士を呼ぶ」＝「全ての希望が叶う」というわけではないことをあらかじめ説明しておくこともあります。例えば，筆者が説明する際には「弁護士はドラえもんではない」という表現で，「これからロケットに乗って宇宙に行きたい。」，「明日，イルカと一緒に泳ぎたい。」という願いが叶うものではないように，「今後のことなどについて，あなたの希望が全て叶うとは限らない。」ということを伝えていました。しかし，本制度の利用を躊躇しないように「でも，あなたの希望がどうすれば叶うのかということを一緒に考えてくれる。」という説明も同時に行っていました。

⑶　子どもからの本制度利用の希望の聴き取り

ア　子どもからの聴き取り

　前記⑵の説明の後，子どもから本制度利用の希望の有無を聴き取ります。利用の希望に関しては，「この制度を使いたい。」というような明確な意思表示というよりは，「自分の話を聴いてくれる人が来てくれるなら聴いてほしい。」又は「弁護士に会ってみたい。」という表現で利用を希望する子どもも珍しくありません。利用を希望する時期については，前記本章第1の2⑵（147頁以下）の説明を受けた面談の最後に「会ってみたい。」との返答を聞くことが多かったです。

　本制度は子どもの希望に基づいて利用されるものです。そのため，子どもが

211）子どもの意見表明権の保護範囲については，前記第1章第1の1⑸（15頁以下）参照。

本制度を利用したくないとの意思表示をしているにもかかわらず，本制度を利用するように強引に説得することはありません。強引に説得して本制度の利用に結びつけたとしても，結局，その後の支援（契約）につながりませんし，そもそも子どもの意見を表明しない権利（前記第1章第1の1(2)（9頁以下参照），コラム2（48頁）参照）を侵害することにつながるおそれがあるためです（本制度によって弁護士を派遣することはもちろん，その後，派遣された支援員と子どもが直接契約するかどうかも子どもの自由です。）。

　なお，虐待事案で28条審判等の裁判手続が見込まれる場合（特に子どもの手続代理人等での子どもの利害関係参加が見込まれる場合），虐待親に関して刑事事件への発展が見込まれるなど被害者としての支援が必要である場合などについては，当該子どもにとっての本制度を利用するメリットについて説明し，利用を促す場合もあります（本制度においては，後記本章第1の3(5)（164頁）のとおり，意見表明支援活動のみならず，これらの裁判手続等においては支援員が弁護士として子どもの代理人等を務める可能性があるところ，裁判手続等が開始してから弁護士に依頼するのではなく一時保護等の初期の段階から支援員（弁護士）との信頼関係を構築することが望ましいと考えるためです。）。ただし，このような場合であっても，子どもに本制度を利用するよう強引に説得することはありません。

イ　子どもからのリクエスト

　また，利用希望に際しては，子どもから支援員の属性等に関するリクエストがあることもあります。「支援員は女の人がいい。」，「年齢の近い人がいい。」などのリクエストです[212]。後記本章第1の2(4)（153頁以下）で説明するとおり，支援員の候補者の選定は弁護士会が決定するものであって，センターは支援員の選定に一切関与しませんが，子どものこのようなリクエストについては，センターから弁護士会への派遣依頼の際に併せて伝えるようにしています。

---

212) WTとりまとめにおいても，子どもからは，意見表明等支援員に求める資質として「優しい人がよい」，「同じ経験を持つ人がよい」，「嘘や隠し事をしない人がよい」などのほか，「同性がよい」，「年齢が近い人がよい」などの意見があったことが紹介されています（WTとりまとめ12頁）。

⑷　センターから弁護士会への派遣依頼

　前記本章第 1 の 2⑶（151 頁以下）の子どもからの本制度の利用についての希望を聴き取ったあとは，センターから弁護士会に対して，支援員の派遣依頼を行います。派遣依頼の際には派遣依頼書を（FAX 又はメールで）送付します。

派遣依頼書の記載事項

> ・子どもの氏名，生年月日，職業等及び住所
> ・一時保護や 3 号措置がなされている場所
> ・意見表明支援員の派遣を必要とする理由（事案の概要と必要性）
> ・子どもへの説明内容と子どもの意向

　子どもの氏名や生年月日，住所等は支援員（弁護士）が他の事件等で利益相反とならないか確認するために，一時保護又は 3 号措置されている場所は支援員が子どもと面接を行う候補場所となるために記載します。

　また，事案の概要についても簡潔に記載します。この点については，子どもの意見を代弁するための支援員にとっては必要な情報ではなく，誤った先入観を持つことにつながるのではないかとの意見もあるかと思います。改正児童福祉法の審議経過においても，意見表明等支援員が過度に情報を有することは，子どもの自由な意見形成を阻害するおそれがあることが指摘されています[213]。しかし，本制度において支援員となった弁護士は，後記本章第 1 の 3⑸（164 頁）のとおり，「連絡調整」のみならず（又はその一環として），審査請求手続における子どもの代理人や 28 条審判等の裁判手続における子どもの手続代理人などとして様々な活動を行います。そのため，これらの支援に資すると考えられる範囲で，子どもが一時保護等された経緯などの概要についても支援員に提供することとしています（弁護士との情報共有については後記本章第 1 の 4⑵ウ（167 頁以下）参照）。

213）第 208 回国会参議院厚生労働委員会会議録第 18 号 2 頁〔橋本泰宏政府参考人発言〕参照。他方で，子どもを効果的に支援するためには，子どもに関する「基本的情報」については支援員も知っておくことも有効であるとの考えもあります（前掲注 11）堀編著 107 頁，115 頁参照）。

　しかし，当然のことながら，支援員は，一部であっても事案の概要などの情報を知っていることによって子どもの自由な意見形成・意見表明を阻害しないように留意する必要があります。スタートアップマニュアル案52頁では「意見表明等支援員がこどもについての情報を得るのは，こどもにとって適切に意見を聴くためであって，支援者としてケースを見立てるためではないことに留意すべきである。」とされています。意見表明等支援員の役割は，あくまで子どもの意見表明権の保障であって，（子どもの最善の利益を第一次に考慮して行う）ケースワークではない以上，当然の指摘ではありますが，忘れてはならないと思います。さらに翻って言えば，意見表明等支援員に情報を伝えることが子どもの意見表明権の保障に繋がらないのであれば，意見表明等支援員には情報を伝えないことになります。

⑸　弁護士会による支援員の選定及び支援員と子どもとの面接

ア　子どもが支援員に会うまで

　支援員の選定は，弁護士会が行います。センターが指名等することはありません。本制度は，支援員にセンター業務をサポートしてもらう制度ではなく，独立した立場で子ども主導のもとで活動する弁護士を子どもに付けることが趣旨だからです。

契約書③：業務の内容

> 　受託者は，対象児童等の意見を把握するために，別途定める様式に基づく委託者の要請に応じて，すみやかに，弁護士資格を有する者から意見表明支援員を選定し，対象児童等のもとに派遣させ，意見表明支援に必要な面談を実施する。

　弁護士会によって支援員が選定されると，支援員からセンターに連絡が入ります。ここでの連絡は，主に子どもと支援員が面接する日時や場所の設定が目的となります。後記本章第1の3⑵（161頁以下）でも述べるとおり，本制度は子どもからの要請に応じて支援員を派遣する制度です。そのため，子どもの本制度利用の希望の聴き取りから支援員との面接までに期間が空きすぎると，子どもの「支援員と話がしたい。」という希望が薄れてしまう可能性があります。可能な限り，子どもが「話したい。」と思った時に話せるようにする必要

があるため，原則として支援員の選定から 48 時間以内に子どもとの面接してもらうよう依頼しています（仕様書①参照）。

仕様書①：業務の内容

> 　意見表明支援員の派遣は委託者の「子どもの意見表明支援員派遣依頼書」等による要請に応じて速やかに行うものとし，意見表明支援員は，受託者から打診を受けてから 48 時間以内に対象児童等と面談することを原則とする。

　そして，子どもが支援員と会う日時と場所が決まると，それを子ども本人に伝えます。なお，子どもが支援員と面接する場所は基本的には一時保護等されている場所となりますが，通学先の学校等でも可能としています。

イ　子どもと支援員との面接

　子どもが支援員と面接するにあたっては，センター職員等は原則として立ち会いません。センター職員等が同席していることによって話しづらい内容もある可能性があるため，子どもが話したいことを支援員に率直に話せるような環境を整える必要があるからです。

　支援員が行う子どもに対する本制度の説明内容については，事細かにセンターから弁護士会に依頼しているわけではありません。しかし，本制度が子どもの意見表明権を保障するための制度であることに鑑み，支援員は児童相談所や保護者などではなく子どものための支援員であること，子どもが話したいことは丁寧に聴く一方で子どもが話したくないことを無理に話す必要はないこと，子どもが支援員に話したことを支援員が誰にいつどのように伝えるかについては子ども本人の希望に従うが，一時保護所や施設において虐待を受けているといった情報などについては子どもが伝えてほしくない場合でも支援員としては通告等をすることになることなどについては，事前に丁寧な説明がなされる必要があると考えます。

　子どもと支援員の面接終了後，子どもの意見（面接の内容）について支援員からセンター職員等に対して報告してもらいます（契約書④，仕様書②参照）。報告は後日報告書にまとめるための様式が定まっていますが，それとは別に子どもとの面接直後に口頭で報告を受ける場合があります。当然，支援員は子ど

も主導で活動しなければなりませんので，子どもがセンター職員等に伝えてほしくないといったことまで報告することは原則としてありません。その旨は，契約書や仕様書だけでなく，実際に支援員が記載する実施報告書にも「児童等の同意を得られた範囲で」面接の内容を報告することを明示しています。支援員には子ども主導での守秘義務を負っているからです（前記第3章第3の3（136頁以下）参照）。

契約書④：報告

> 意見表明支援員は，対象児童等との面談結果について，対象児童等に対する守秘義務に反しない限度で，面談後すみやかに，別途定める様式により委託者に対し報告する。

仕様書②：報告

> 意見表明支援員は，センターにおける対象児童等の担当者に対して，対象児童等との面談後，対象児童等の同意を得られた範囲で面談の内容等をすみやかに情報提供するものとする。なお，情報提供の際は「意見表明支援業務実施報告書」を提出するものとする。

　ウ　契約

　子どもが支援員と面接した際，子どもが，引き続き支援員に話を聴いてもらうことや子どもの権利擁護のための様々な活動を行うことを希望する場合には，子どもは支援員との間で直接契約を締結します。契約による支援員（弁護士）の費用は，日本弁護士連合会が日本司法支援センター（通称「法テラス」）に業務委託をしている「子どもに対する法律援助」によって賄われます（原則として，子どもに費用負担は生じません。）[214]。

　このように，支援員の「依頼者」は児童相談所や施設ではなく，子ども本人となります。

214）日本司法支援センター法テラス「子どもに対する法律援助」（https://www.houterasu.or.jp/higaishashien/seido/kodomo_houritsuenjo/index.html）。

⑹　支援員による様々な活動

　（本制度は改正児童福祉法が成立する前に制度化されたものではありますが，）支援員による活動内容の基本は，意見表明等支援事業における「連絡調整」（前記第3章第2の2⑵（124頁以下））と共通しています。特に「子どもの意見を児童相談所に伝え，意見が適切に考慮されるように働きかける」，「生活における悩みや不満などを傾聴し，必要に応じて里親や施設職員等と協議し，支援の改善を促す」，「権利侵害に係る子どもからの申立てプロセスにおいて，意見表明支援員が子どもの主張を代弁していく」（WTとりまとめ10頁）といった活動はまさに支援員における主な活動と同じです。

　また，子どもの意見表明権の手続的側面の保障（前記第1章第1の1⑸ウ（19頁以下）参照）に関するものとして，支援方針の決定後などに行われる子どもへのフィードバックが十分になされていない場合には，適切なフィードバックを行うようセンター職員等に対して働きかけることも支援員としての重要な役割であると考えます。

　さらに，弁護士が支援員を務める利点を活かして，支援員が子どもの代理人等となり，様々な活動を行うことも想定しています（詳しくは後記本章第1の3⑸（164頁）参照）。

❀ 3　本制度の特徴

　本制度における支援員の立場や行動規範は，意見表明等支援員における「エンパワメント」，「子ども中心」，「独立性」，「守秘」，「平等」及び「子どもの参画」の6つの基本原則と同じだと考えます（前記第3章第3（131頁）参照）。

　その上で，本制度の大きな特徴は

① 　支援員が弁護士であること

② 　支援員は子どもの要請に応じて派遣されること

③ 　一時保護等されている場所に関係なく本制度を利用できること

④ 　支援員は子どもの代理人として援助方針会議等に出席すること

⑤ 　支援員は弁護士として子どもの代理人等に就任すること

の五つの点にあると考えています。

　以下，これら五つの点に関して一つずつ説明していきたいと思います。

⑴　支援員が弁護士であること

ア　弁護士が支援員を務めるということ

⑺　弁護士が支援員を務めることへの疑問

本制度の特徴の一つは，支援員が弁護士であることです。この点に関しては，①弁護士は依頼者の相談を受けることが業務であって，「代弁する」ことに関しては必ずしも専門的知識やスキルを有しているわけではないのではないか，さらには，②弁護士は法律相談などでは自ら有している専門的知識や経験を基に依頼者の相談に対して「回答する」又は法律問題の解決に向けて依頼者を「導く」という業務を行っているため，子どもの「マイク」として活動する支援員の活動には馴染まないのではないかという言葉を耳にすることがあります。

上記の疑問は，①は支援員としての専門性，②は支援員としての適性・資質に対する疑問であると整理できます。

⑷　支援員としての専門性

①支援員としての専門性に関しては，筆者としても，弁護士であれば誰でも支援員としての専門性を有するとは考えていません。弁護士であっても，支援員の活動を適切に行うためには，支援員としての専門性を身に付ける必要があると考えます。

そのため，本制度において支援員の候補者として弁護士会の名簿に登載されるためには，本制度に関する研修を受講しなければならないことになっています（なお，弁護士以外の者が支援員を務めることの必要性については後記本章第1の6⑵イ（191頁以下）参照）。意見表明等支援事業においても意見表明等支援員には研修を修了することが必要とされています（スタートアップマニュアル43頁以下）。

⑼　支援員としての適性・資質

②支援員としての適性・資質に関しては，確かに，法律相談等をはじめとする弁護士業務と子ども意見表明権を保障するための支援員の活動は必ずしも一致するものではありません。そのため，弁護士としての経験や知識を基に子どもの意見を客観的に評価・判断してしまうと，"子ども主導"ではなく"子どもの最善の利益"の立場に立って活動してしまう危険性があると思います[215)]。

　しかし，だからといって，「弁護士資格を有している者は支援員としての適性がない・資質がない。」との結論を出すのは早計かと思います。支援員としての活動の意味や前記の6つの基本原則を十分に理解して活動する者であれば，どのような資格や経歴を持っている人であっても，（例えば，弁護士や，子どもの最善の利益を第一次的に考慮する立場である児童相談所や児童養護施設等での勤務経験がある人であっても）支援員としての資質は否定されないと考えます。

　この点について熊本学園大学の堀正嗣先生は，アドボケイトの資質に関して，以下のとおり述べています。

　アドボケイトにはいろいろな経歴の人がいます。「アドボケイトがしたいから」とソーシャルワーカー（…（中略）…）を辞めてくる人もいます。ソーシャルワーカーは子どもの側に純粋に立つことができないからです。子どもが「いやだ」といっても，アセスメントの結果必要であれば保護しないといけないとか，組織の都合，関係機関の都合にも配慮して動いてしまうことがあるかもしれません。だから純粋に子どもの側に立ちたい，子どもの権利のために働きたいと辞めてくる人もいるのです。

　アドボカシーで一番大事なことは傾聴です。しっかりと子どもの声を聞ける人，子どもといい関係が築ける人，子どもと対等な関係でうまくやっていける人が一番大事で，いくら大学で専門的な研究をした人でも，そういうことができない人はアドボケイトにはなれません。

※堀正嗣「子どもアドボケイト養成講座　子どもの声を聴き権利を守るた

215）坪井節子弁護士は，「弁護士にとっても陥りがちな問題なのですが，そうした子どもの誤解や不利益は予想がつく場面において，「あなたの意見は○○だけど現実は〜〜だからこうするしかないんじゃない？」というように，説得に入ってしまう危険性があります。」，「"子どもの意見"と言いつつもアドボケイト自身の価値観を通してしまいがちなところを，親がこのように言っているから子どもを説得するのではなく，今子どもが言っていることをどうすれば実現できるのか，と考え続けることが私たち代理人になった時のスタンスである」，「安易に子どもたちを納得，諦めさせず…（中略）…，最後まで子どもの判断に寄り添うことが代弁者，そして代理人のあるべき姿だと思います。」と述べています（https://joschis.xsrv.jp/HP_achievement/jaspcanFukuokaTXT_2022.pdf）。

> めに」（明石書店，2020）37-38頁より引用

　弁護士だからできない，資質がない，と捉えるのではなく，弁護士であるか否かにかかわらず，どのような経歴やバックグラウンドがあったとしても支援員となることができると筆者は考えます[216]。ただし，６つの基本原則の理解だけでなく，子どもの声を聴き取り，それを伝えるという専門性やスキルを有している必要はあると思います[217]。

イ　弁護士が支援員を務めることの利点

　他方で，筆者としては，弁護士が支援員を務めることには一定の意義及びメリットがあると考えています。

　すなわち，本制度は，子どもの意見表明権の保障を大きな目的の一つとしています。そして，弁護士は，「基本的人権を擁護」することを使命とする存在です（弁護士法１条）。意見表明権はじめとする子どもの様々な権利を擁護するための活動を弁護士が担う意義は大きいと考えます。

　また，前記第１章第１の１(1)ウ（７頁以下）で述べたとおり，子どもは「自分が話した情報がどのように扱われるのか，誰にどのように伝わるのか。」という点に強い不安を抱いていることがあります。そして，「この人にだったらここまで話してもいいかな。」，「この人には何も話したくない。」というような線引きを強く持っている子どもも少なくありません。

　例えば，28条審判手続において子どもが利害関係参加し，子どもに手続代理人が選任される場合を想定します。このようなケースにおいて弁護士以外の者が支援員を務めている場合，一時保護中に子どもが支援員に打ち明けた希望や意見の内容は，新たに子どもの手続代理人に選任された（支援員ではない）弁護士に対しても情報提供しなければならなくなってしまいます[218]。子ども

216）「弁護士であるかどうか」よりも「６つの基本原則（前記第３章第３（131頁））のもとで意見表明等支援員としての専門性をもって活動できるかどうか」が重要であり，反対に，弁護士であることを強調することは支援員の活動の弊害になる危険性が高いと考えます（前掲注11）堀編著170頁参照）。支援員の主な活動は子どもを導くことや説得することではなく，子どもの声を聴くことです。

217）前掲注175）参照。

218）子どもの手続代理人は弁護士である必要があります（家事23条）。

主導で活動する支援員にだからこそ打ち明けた意見や希望を裁判手続等に反映するためには，信頼関係がいまだ構築できていない第三者（弁護士）にも子どもの意見を伝えなければならなくなってしまいます[219]。

　他方で，弁護士が支援員を務める本制度においては，子どもの希望を直接聴き取った支援員が，そのまま弁護士の資格を活かして子どもの代理人として審査請求や裁判手続を行うことができます（支援員の具体的な活動内容については後記本章第1の5（172頁以下）参照）。以上のように，弁護士が支援員となることには子どもにとってもメリットがあります[220]（一方で，支援員がこのような活動を行うことの課題・弊害について後記本章第1の6(2)ウ（192頁以下）参照）。

(2)　支援員は子どもの要請に応じて派遣されること

　本制度における支援員の派遣は，例えば「毎週何曜日に支援員が一時保護所を訪問する」という枠組み（以下「定期訪問型」といいます。）ではなく，子どもの要望に応じて支援員が子どものもとを訪ねるという枠組み（以下「要請応答型」といいます。）となっている点も本制度の特徴の一つです（契約書③（154頁）参照。そもそも本制度は，支援員が派遣された後に子どもが支援員と直接契約を締結することも想定していましたので，自然と後者の枠組みになったという表現が正しいかもしれません。）。

　なお，この点については，定期訪問型と要請応答型のいずれが優れているかという問題ではありません。

　定期訪問型では，「わざわざ支援員を呼んでまで話すことではない。」と遠慮してしまう子どもにとっては，要請応答型の枠組みよりも支援員に会うまでのハードルが下がると思います。また，「積極的に呼ばなくても自分の話を聴い

219）そのため，弁護士以外の者が意見表明等支援員を担う制度の場合には，子どもから意見を聴取する際，紛争解決等のために裁判手続や審査請求等が必要となったときにはさらに別の大人（弁護士）にも希望や意見といった情報を共有しなければならなくなる可能性がある，ということをあらかじめ説明する必要があると考えます。

220）子どもの意見を聴いた上で関係者との調整・交渉等の活動を行うことはもとより，子どもの意見聴取そのものについても本来的には弁護士が中心となって担うべきであり，弁護士以外の者が子どもからの意見聴取の域を超えた関係機関等の活動を行うことに一定の報酬が支払われる場合には，弁護士法72条に違反する可能性があると指摘するものとして石倉尚「子どもの意見を聴くということ——時保護所に保護されている子どもへの意見聴取を通して」資生堂社会福祉事業財団編『世界の児童と母性　88号』40-41頁参照。

てくれる大人が来てくれる，一緒に遊んでくれる人が来てくれる。」という安心感は子どもにとっても大きいかと思います。例えば，岡山県の一時保護所において行われている弁護士による子どもの意見聴取[221]や施設訪問アドボカシー[222]などでは定期訪問型の枠組みが採用されています。これらの取組みは，あらかじめ弁護士やアドボケイトが一時保護所や施設を訪問する日を決めておき，その日に制度の利用を希望する子どもがいれば，その子どもの声を傾聴し，意見表明等の支援を行うという枠組みが採用されています。

　他方で，要請応答型の枠組みを採用する本制度のメリットの一つは，特定の子どもと特定の支援員とが"ペア"になるということです。すなわち，本制度において支援員が担当する子どもは，初回の面接であれば一時保護等されて本制度の利用を希望した特定の子どもであり，支援員にとっては「特定のこの子どものための支援員」という位置づけになります（特に，本制度のように子どもと支援員が契約を締結した場合には，当該契約締結後は直接契約を締結した当該子どもだけの支援に専念することになります。）。また，子どもにとっては，「この人は私だけの支援員」という位置づけであり，「希望すれば会いに来てくれる自分だけの味方をしてくれる人」という大人の存在を実感することができます。さらに，要請応答型の場合には，「他の子どもが支援員と話すことを希望しているから私は遠慮しておこう。」というような戸惑いや「他の子どもが話していたから自分が話す時間がなかった。」という弊害を生じさせることなく，「自分だけの支援員」，「自分だけの話を聴いてくれる人」という認識のもとで，気兼ねなく話をしたいときに話をすることができます[223]。

　このように，要請応答型では，特定の子どもと特定の支援員との契約に基づく関係性が重要となります。そのため，要請応答型の利点を十分に活かすためには，（特に特定の子どもと契約した場合には，）支援員は子どもからの要請がな

221）前掲注 21）川松ほか編著 44-48 頁〔奥野哲也〕参照。
222）前掲注 24）栄留ほか 11 頁参照，栄留里美ほか著『施設訪問アドボカシーの理論と実践　児童養護施設・障害児施設・障害者施設におけるアクションリサーチ』（明石書店，2022）15 頁参照。
223）前掲注 23）三菱 UFJ リサーチ＆コンサルティング 90 頁では，「何人もの人に話すのではなく，自分に合った 1 人の人に話したい。」という社会的養護の下で生活する当事者の声が紹介されています。

くても積極的に「自分の子ども」に会いに行くなどして，子どもとの信頼関係を深めることが求められます[224]。

(3)　一時保護等されている場所に関係なく本制度を利用できること

　本制度を利用できるのは，一時保護（委託を含みます。）されている者，3号措置されている者，自立援助ホームに入所している者及び社会的養護自立支援事業を用いて里親宅や施設等で生活している者です。本制度の対象者は「子ども」や「児童」ではなく，「者」と表記していますが（契約書②（146頁）参照），これは18歳未満の「児童」（児福4条）だけでなく，措置延長（児福31条2項）や18歳を超えても一時保護されている（元）子ども（改正児福33条17項から20項参照）も本制度の対象としているためです。

　実のところ，本制度が開始された令和3年10月当初，本制度を利用できる対象者は，一時保護された子どもに限定されていました。当然，3号措置された子どもも本制度の対象とすべきことであると考えていましたが，本制度は児童相談所や施設等のこれまでの業務に対して，少なからぬ影響を及ぼす制度となります（実際，本制度の検討段階ではセンター職員は幾ばくかの不安を抱いていました（後記本章第1の4(2)（166頁以下）参照）。

　そこで，筆者としては，将来的には3号措置された子どもも対象とすることを見据えた上で，まずは，一時保護された子どもに限定して本制度を開始することとしました（なお，一時保護に限って開始した本制度でしたが，前記本章第1の1(3)（143頁以下）で述べたとおり，一時保護されている場所によって子どもを支援する弁護士がついたりつかなかったりすることに合理的な理由はないと考えていたため，本制度開始当初から「一時保護された子ども」には一時保護所において一時保護されている子どもだけでなく，里親や施設等に一時保護委託されている子どもも対象としました。）。

　その後，里親や施設等の関係機関への説明，さらには弁護士会との協議を経て，令和5年1月，3号措置された子どもや自立援助ホームに入所した子ども

224）子どもに会いに行った時に必ずしもかしこまった面接等を行う必要はなく，信頼関係の構築のためにも，子ども自身が「私の支援員」と感じることができるように，一緒に遊んだり勉強を教えたりという活動も十分意義のある活動だと考えます（スタートアップマニュアル案48頁。前掲注208）浦31頁以下参照）。

さらには社会的養護自立支援事業を利用して里親宅や施設において生活している子どもについても本制度が利用できることとなりました[225]。これにより，子どもは一時保護等されている場所に関係なくいつでも本制度を利用できるようになりました。

⑷　支援員は子どもの代理人として援助方針会議等に出席すること

　筆者が本制度を構築するにあたって最も力を入れた点が，支援員がセンターの援助方針会議に出席するという点です。

　前記本章第1の1⑴（140頁以下）で述べたとおり，筆者としては，一時保護の解除や3号措置の決定といった子どもの人生に大きな影響を及ぼす児童相談所の支援方針を決定する会議には，子ども本人が出席することが望ましいと考えています。「Nothing about us without us（私たち抜きに私たちのことを語らないで）」と言われるのと同様，「Nothing about me without me（私抜きに私のことを語らないで）」という考えが極めて重要です。

　しかし，子ども本人がセンターにおけるこのような会議に出席することについて越えなければならないハードルが少なくないことも既に述べたとおりです（前記本章第1の1⑴（140頁以下））。そこで，担当 CW や CP 等のセンター職員ではなく，独立性を有し，子ども主導の下で活動する支援員が，援助方針会議における議題事項（一時保護の解除や3号措置，保護者との面会など）に係る子どもの意見を，援助方針会議の場で子どもの「代理人」（条約12条2項）として伝えることを支援員の活動内容の一つとしました。

⑸　支援員は弁護士として子どもの代理人等に就任すること

　本制度において支援員は，子どもの意見を聴き取り，それを児童相談所や施設や里親，さらには学校や保護者等に対してその意見を代弁する活動を基本としますが，その意見内容の実現のために必要がある場合には，支援員が弁護士である点を活かして，子どもと契約することによって子どもの代理人等となり，様々な活動を行います。

　例えば，一時保護について児童相談所職員の説明に納得がいかない場合には

225）これらの拡充は，筆者がセンターから他部署に異動した後にセンター職員らの尽力によって実現しました。

一時保護に対する審査請求手続を子どもの代理人として，家庭復帰を希望しているのに28条審判がなされた場合には子どもの手続代理人として，子どもが虐待事案における刑事事件の犯罪被害者となる場合には犯罪被害者の代理人として，児童福祉法27条1項4号に基づき家庭裁判所に送致された場合には少年事件の付添人として，親権を行使する者がいない子どものためには自ら未成年後見人に就任して，それぞれ様々な活動を行います（代理人等としての活動としては後記本章第1の5（172頁以下）参照）。前記本章第1の3(1)イ（160頁以下）のとおり，子どもの希望を直接聴き取った支援員が，そのまま弁護士として審査請求や裁判手続を子どもの代理人として活動を行うことができます（なお，支援員がこれらの活動を行うことの課題については後記本章第1の6(2)ウ（192頁以下）参照）。

❀ 4　本制度構築までの道のり

　次に本制度の構築までの経緯について説明したいと思います。なお，前記本章第1の3(3)（163頁以下）のとおり，本制度は当初，一時保護又は委託一時保護されている子どもに限定して開始されましたので，ここでの説明も当初の制度開始当時のものになります。

(1)　本制度の立案

　本制度の立案に関しては，子どもシェルターにおけるコタン制度が大きなきっかけでしたので（前記本章第1の1(3)（143頁以下）参照），弁護士が支援員を担う点は当初より決めていました。その上で，一時保護所だけでなく委託一時保護であっても利用できること，支援員が援助方針会議に出席すること並びに支援員が子どもの意見聴取及び代弁のみを行うのではなくその後も引き続き様々な活動を行うことなどを本制度の内容として盛り込みました。

　また，筆者としては，「明石市だからできる。」という制度ではなく，全国のどこの自治体でも構築が可能な制度としたい思いがありました。全国には子どものアドボカシーに関する団体がある地域もありますが，このような団体がない地域もあります。しかし，弁護士会は全国どこの都道府県にもあります。弁護士会の規模や児童相談所と弁護士会との連携の在り方等も各地で異なるかとは思いますが，自治体が地元の弁護士会に業務委託をするという制度設計は，

各地において意見表明等支援事業や子どもの意見表明権を保障するための制度設計を検討するに際して，一つの候補として十分考えられるのではないでしょうか（実際，改正児童福祉法の審議においても，意見表明等支援事業の担い手の例示として弁護士が挙げられており[226]，また，参議院附帯決議14項においても弁護士が一時保護された子どもの意見表明権の保障のために派遣されている事例があることが挙げられています。）。

⑵　庁内での協議

　本制度の大枠としては上記のものではありましたが，実際に制度を運用するとなると，子どもに対してはいつ誰がどのように説明するのか，弁護士会にどのように派遣依頼するのか，子どもはどこで支援員（弁護士）と会うのかなど様々な点について整理する必要がありました。

　特に，本制度の導入はセンターの業務に大きな影響を及ぼすものであるため，センター職員の理解と協力がなければ，本制度は適切に運用されないと考えていました（実際，本制度についてセンター職員に説明を行った当初，センター職員には本制度導入について大きな不安や戸惑いがありました。）。そこで，管理職のみでの協議だけでなく，CWやCPなどからも意見を聴き取った上で細部を詰めていきました。「センター（明石市）が弁護士会に業務を委託する」という形をとる以上，センターとしてどのような制度設計・運用が適切であるかについて決める必要がありましたが，委託先である弁護士会がどこまでの対応が可能であるかが重要だったため，実際には後記本章第1の4⑶（169頁以下）の弁護士会との協議を並行して行いつつ本制度の内容を確定していきました。

　本制度の運用に向けての庁内における協議事項としては，主として以下のようなものでした。

ア　本制度の対象となる子どもの年齢

　一時保護だけでなく委託一時保護されている子どもについても対象とすることについてはスムーズに決まりましたが，他方で，子どもの年齢をどのように設定するのかについては様々な意見が出されました。本制度が子どもの意見表明権を保障する制度であるため子どもの対象を可能な限り広くすることが求め

226）第208回国会参議院厚生労働委員会会議録第16号9頁〔橋本泰宏政府参考人発言〕参照。

られる一方で，その後の子どもと支援員との契約を見据えるとあまりにも年少の子どもは契約のための意思能力が認められないためです（民3の2）。

　これらの点を踏まえた上で，最終的には，一時保護所において保護されている子どもだけでなく委託一時保護されている子どもも含み，その年齢は概ね小学生以上の子どもを対象とすることになりました。

イ　子どもに対する本制度の説明の時期及び方法

　センター職員による子どもに対する本制度の説明の時期については，一時保護が原則2か月以内と期間が定められていること，多くの子どもは一時保護直後から大きな不安や不満等を持っていることなどから，子どもに対する説明は一時保護後速やかに行うこととなりました。

　また，子どもに対しては誰がどのように説明をするのか，という点については，センターに配置されている常勤弁護士が行うこととなりました（子どもに対する説明の際には，子どもにとって理解しやすい資料などを作成することも検討しましたが，実施までの期間が限られていたこともあり，本制度開始までに用意することができず，前記本章第1の2(2)ア（147頁以下）のようなやり取りを口頭で行っていました。）。

ウ　支援員に対する情報提供

　前記本章第1の3(5)（164頁）のとおり，本制度では，支援員が弁護士としてその後子どものために継続的に活動することも想定していたため，センターが有している情報をどこまで支援員となる弁護士に提供するのか，また情報を提供する根拠をどこに求めるのかについての議論も行いました[227]。

　そもそも，センター（市）が保有する支援記録は極めてセンシティブな情報を含む「個人情報」に当たりますので，慎重な取扱いが求められます。そのため，支援員が本制度の活動を行うにあたって必要以上の情報を提供することは厳として控えなければなりません。また，支援員には，あくまで子どもの意見を聴き取り，それを代弁し，必要がある場合には子ども主導の下で不服申立て等を行うなどの活動を行ってもらうことを想定しています。そのため，子ども

227）支援員がケースの情報を把握することの是非については，前記本章第1の2(4)（153頁以下）で述べたとおりです。

主導，すなわち子どもの視点で活動するために必要な情報に限定して提供することになりました。結果，支援員（弁護士会）に対しては，一時保護等された子どもの氏名や年齢のほか，一時保護等の日時，一時保護等に至った経緯の概略のみを提供することとなりました。なお，支援員に対して行う情報提供は今後の支援のために必要かつ最小限度の情報のみです。そもそも，支援員はケースを見立てるために情報を収集すべきではありませんし（スタートアップマニュアル52頁），基本的には子ども本人と共有できない情報を収集しないことになります（ガイドライン31頁）。また，当然，支援員は，事案の概要などの情報を有していることによって子どもの自由な意見形成・意見表明が阻害されないように留意する必要があります。

　情報提供の根拠については，弁護士会が要保護児童対策地域協議会（児福25条の2）に加わっていることから，子どもの支援のために必要な範囲での情報の共有が可能となります（同条2項）。さらに，前記本章第1の2(2)ア（147頁以下）の子どもへの説明の際には子どもの情報が支援員に伝わることについても説明し，子どもはそれらの説明を理解した上で本制度の利用を希望する形になりますので，子ども本人の同意も情報提供の根拠といえます。

エ　子どもが支援員と面接する場所

　子どもが支援員とどこで面接するかという点も一つの論点でした。基本的にはセンター内の面接室を想定していましたが，例えば，一時保護委託先（施設や里親宅など）や通学先の学校などで子どもが支援員と面接することなどについても議論しました[228]。

　一時保護委託先や通学している学校への説明や連携が必要となりますが，この点については特に大きな異論なく，子どもが希望するのであればセンターとしてはこれらの場所においても支援員と面接してもらうことを弁護士会や施設等の関係機関に依頼することとしました。

オ　センターによる派遣依頼から子どもが支援員と会うまでの期間

　センターが弁護士会に支援員の派遣依頼を行ってから子どもと支援員との面

228）センターにおいては，一時保護中の子どもについても原則として原籍校への通学を実施しています。

接が行われるまでの期間については，本制度が子どもの「話したい」という気持ちを出発点とする以上，可能な限りすぐに支援員に会ってもらう必要があります。

　しかし，この点は以下のとおり，弁護士会の体制等と大きく関係するため，弁護士会との協議の中で実現可能な範囲で設定することとなりました。

(3)　弁護士会との協議

　本制度はセンター（明石市）が弁護士会に業務委託するものではありますが，実際には弁護士会の体制等も考慮した上で実現可能な範囲での制度設計とする必要がありました（極端な例を挙げると，「センターが弁護士会に対して支援員の派遣依頼をした場合，弁護士会は依頼を受け付けてから 10 分以内にセンターが指定する場所に支援員を派遣すること」という内容の業務委託は現実的には困難でしょう。）。

　筆者はセンター職員として，弁護士会に本制度の趣旨を理解してもらった上で，なおかつ実現可能な制度となるよう，主に以下の点について弁護士会（当時の弁護士会副会長，子どもの権利委員会委員長など）との協議を重ねました。

ア　支援員の選定方法

　支援員の選定方法については，支援員を誰がどのように選定するのか，具体的には，支援員の候補者名簿をセンターと弁護士会のいずれが管理するのか，仮にセンターが名簿を管理するとなった場合には個別事案においてどのように支援員を選定するのか，という点について協議を行いました。

　この点については，センターが名簿を管理した上でセンターが機械的に（例えば「名簿の上から順番に」）支援員を選定するという選択肢もありましたが，支援員はあくまでセンターから独立した立場で子どもの権利を擁護するということが求められます。そのため，機械的に選定するとしても，センターが支援員を選定することに違和感があるとの意見も多く，最終的に支援員の候補者名簿は弁護士会が管理し，弁護士会が選定することとなりました（契約書③（154頁）参照）。そのため，センターとしては，弁護士会がどのように支援員を選定しているのかは把握していません。

イ　センターから弁護士会への派遣依頼の方法

　支援員の候補者名簿を弁護士会が管理する以上，子どもから本制度の利用の

希望を聴き取ったセンターは，支援員の選定と派遣を弁護士会に対して依頼することとなります。事務的な話になりますが，その依頼の方法をどのように行うのかについても協議を行いました。

　実際には派遣依頼の際に子どもの氏名等を伝えることとなりますので，最終的に「派遣依頼書」をFAX又はメールで送信することによって派遣依頼を行うこととなりました（前記本章第1の2(4)（153頁以下）参照）。

ウ　支援員が選定されてから子どもに会うまでのスキーム

　支援員が選定されたあと，選定された支援員と子どもが実際にどこでいつどのように会うのかについても取り決める必要がありました。一時保護等をされている子どもの中には学校に登校している子どももいますし，委託一時保護されている子どもであれば，委託先の都合も考慮しなければなりません。

　そこで，選定された支援員は，支援員として選定された旨及び子どもと面談できる候補日時を担当CW等に伝え，連絡を受けたCW等が子どもや一時保護委託先等のスケジュールを確認し，日程調整さらには面接場所の設定を行うこととしました。

エ　センターにおける子どもの意見の把握

　子どもと面接をした支援員が，センターに対してどのように子どもの意見を伝えるのかについても協議しました。この点については，大きな異論もなく，支援員が報告書を作成してセンターに提出するということになりました。

　しかし，面談が終わってから報告書が提出されるまでには数日程度のタイムラグが発生する可能性があること，子どもが何についてどのような意見を持っているのかについてはセンターとしても可能な限り早く把握しておきたいこと及び支援員としても子どもが話した内容によっては直ちにセンターに伝えておいた方がよいと考えられることも想定されることなどから，支援員とCW等の都合がつく限り，支援員が子どもと面談したあと，支援員が子どもとの面談内容をCW等に伝える時間を設けることになりました。

　なお，支援員が子どもの意見（面談内容）をCW等に伝えるにあたっては，子どもに対する守秘義務に留意する必要があります（前記本章第1の2(5)イ（155頁以下），契約書④及び仕様書②並びに第3章第3の3（136頁以下）参照）。

170

⑷　センターと弁護士会とのワークショップ

ア　目的

　本制度の導入にあたっては，センター職員と支援員となる弁護士のそれぞれが本制度について（プラス面に限らずマイナス面も含めて）どのような思いを持っているのかを共有するとともに，それぞれの役割等について相互理解することが重要であると考えていました。そこで，弁護士会側からの提案もあり，センターと弁護士会とでワークショップを行いました。

　また，前記本章第1の4⑵（166頁以下）のとおり，センター職員は当初，「支援員が具体的にどのような活動をするのかが分からない。」という不安や戸惑いを抱えていました。この点，支援員の具体的な活動内容等も盛り込んだワークショップは，本制度の概要や目的だけでなく，支援員の具体的な活動内容等についての理解を深めることができた機会となり，非常に大きな意味を持つものとなりました。

イ　概要

　ワークショップに先立ち，まずは弁護士会の担当者及び筆者から本制度や子どもの意見表明権の保障についての講義を行いました。その後，ワークショップとしてセンター職員のCW，CP及び一時保護所児童指導員並びに弁護士会の弁護士の計4人1組を基本としたグループ分けを行った上で，それぞれのグループにおいて，2つの架空事例（虐待事案と非行事案）の検討を行いました。具体的には，各事案において，それぞれの専門職が，どの段階で，どのようなことを見据えて，子どもや家庭に対してどのような支援を行うのか，さらには他の専門職に対してどのような活動を期待するのか，子ども主導の下で活動する支援員に対してセンター職員はどのようなケースワーク等を行う必要があるのかなどについて，ざっくばらんに意見交換を行うこととしました。

　架空事例ではあったものの，具体的な事例を用いて，時系列を追いながら，一つ一つの場面ごと（一時保護の実施，司法面接の実施，援助方針会議，審判申立てなど）に何ができるかを各参加者が自由に意見交換することによって，本制度の具体的なイメージを持つことができました。また，ワークショップ後には本制度の導入に向けて積極的な意見やアドバイスをくれる職員もいました。

⑸　施設等の関係機関への説明

　本制度は，前記本章第1の3⑶（163頁以下）のとおり，一時保護所において一時保護されている子どものみならず，里親や施設等に委託一時保護されている子どもも対象として開始されました。そのため一時保護委託先の候補となる施設や他の自治体の児童相談所，さらには里親会などの関係機関に対して，本制度の説明を行うとともに協力をお願いする必要がありました。

　正直なところ，関係機関等への説明については異論や反発等が出ることも覚悟していましたが，危惧していたような大きな異論等が出ることはありませんでした。これにはセンター所長や副所長が，関係機関を一か所ずつ直接訪問した上で丁寧に説明をしてくれたことが大きかったと思います。

⑹　明石市と弁護士会との業務委託契約

　以上の経過を経て，明石市と弁護士会は令和3年10月1日に業務委託契約を締結し，本制度が開始しました。

🍀　5　想定活用事例

　上記のような目的と経緯のもとで構築された本制度ですが，立案者として，支援員がどのような事案において，どのような活動を行うことを想定していたかについて架空事例をもとに説明したいと思います（以下の事例1及び事例2は，前記第2章第2の2（事例1-2。91頁以下）及び同3（事例2。98頁以下）の事例をそのまま用いています。）。本制度が活用された場合に，支援員の活動によって具体的にどのように子どもの意見表明権を保障することができるのか参考になれば幸いです。

　また，以下の事例は単なる一例であり，ここに列挙されていない主訴や事案において本制度を活用することや，ここで説明できていない活動を行うことを禁止しているわけではありません。前記6つの基本原則のもとで，子どもの意見表明権を保障するための活動であれば，様々な展開や応用が可能であると思います。

　なお，事例の概要の中では特に記載していませんが，以下の事例では全て一時保護等直後に本制度の説明がなされ，既に支援員がついている（子どもが支援員と直接契約している）ことを前提とします。

(1)　事例1　虐待事案①（第2章第2の2（91頁以下）の事案）

Aさんのケース

　父母と3人で生活していた中学2年生（14歳）のAさんの事案。

　Aさんは，ある日，昼休み中に保健室を訪れ，「お父さんにハンガーで背中や足を叩かれたりする。」，「特に勉強に厳しく，夜中まで勉強をさせられ，眠くなって途中で寝てしまうと，耳元で大きな声で怒られる。」，「家に帰りたくない。」と養護教諭に父からの身体的虐待及び心理的虐待を訴えた。実際に，Aさんの背中には比較的新しい痣から古い痣まで計約10か所程度の棒状の痣があり，足にも複数の痣があった。Aさん自身も帰りたくないとの意向を示したこともあり，一時保護所で一時保護されることになった。

　一時保護されたAさんは，その後も自宅には帰りたくないと訴え続けていた。しかし，一時保護所のルールについて不満を漏らすことが多くなり，特に来年高校受験を控えるAさんは，学校に登校できないことについて不満と不安を漏らしていた(i)。

　また，父はCWとの面接にはなかなか応じず，ようやく面接ができても「勉強に関してはきっちりと躾けるのが我が家の方針。A自身が医者になりたいと言っているので，それ相応の勉強をさせる必要がある。勉強しないのであれば体罰を用いるという考えは変わらない。勉強以外のことで大声を出したり叩いたりはしていない。一時保護所にいると学力が下がる。学習環境の保障もどうなっているか分からない一時保護所や施設でAを生活させるわけにはいかない。一日でも早くAを返せ。」とCWにすごんでいた。

　他方でAさんは，いまだに学校に通えていないこともあり，「このまま措置されて元の学校にも戻れず，友だちにも会えないのであれば，叩かれるのは嫌だけど，家に帰る方がいいような気もする。家に帰りたい気持ちが7割くらい。」と漏らすようになっていた(ii)。

　以上の経過のもと，児童相談所長は，今後Aさんの高校受験に向けて父はさらにAに対して厳しく接する蓋然性が高く，さらに重度の虐待に発展

する可能性があること，児童相談所の指導に父が従う様子はないこと，小学生時代にも父のAに対する虐待通告があること，母は父を止めることができず，ほかに頼れる親族もいないこと等を考慮し，Aさんの意見を考慮したとしても家庭復帰は適切でないとして，Aさんについて3号措置の方針を採ることを決定した。

しかし，父母はAさんの3号措置に反対したことから，児童相談所長は28条審判の申立てを行うこととした(iii)。

ア　一時保護所のルール等に対する意見表明支援

本件では，(i)の時点においてAさんは一時保護所からもともと通っていた中学校に通えないことに不満を述べています。一時保護所のルールの意義やそれに対する子どもの意見表明権については前記第2章第1の2(2)イ（62頁以下）及び同章第2の2(1)（92頁以下）で説明したとおりです。

Aさん自身が自分でこのような不満を児童相談所の職員に直接伝えることができ，そして，通学できない理由等を一時保護所の職員等がAさんに説明することによってAさん自身が納得するのであれば，この時点で支援員がAさんの意見表明支援として行うべき活動はあまりないかもしれません。しかし，例えば，Aさんが「一時保護所の職員に自分一人で直接言うのは勇気がいるので誰か付き添ってほしい。」という気持ちがあれば，支援員がその場に同席することが考えられます。ほかにも，「口頭で伝えるのは苦手なので手紙にしたい。」ということであれば，必要ならばその文章を一緒に考えるという活動も想定できます。これらは全て，Aさんの意見を決定権者である児童相談所（職員）に伝える段階における支援活動といえます。

また，以上のような方法等によって，Aさんの意見を児童相談所に伝え，職員からAさんに対して制限の理由を説明したとしても，Aさんが納得しない場合には，Aさんに対するフィードバックをより丁寧に行うようCW等に働きかけます。それでもなお，ルール自体が不適切であるとAさんが訴える場合には，児童福祉審議会や第三者機関等に対して苦情申立てを行うことが考えられます。Aさん自身がこのような手続や，これらの手続の中で自らの意見を述べることが難しい場合には，支援員はAさんの代理人として手続を行ったり，手

続の中でAさんの意見を代弁することになります。

イ　援助方針会議における意見表明支援

(ii)に関して，Aさんは援助方針会議に先立って，CWやCPなどに自らの処遇についての意見を伝えており，Aさんが帰りたいとの意見を持っていることも援助方針会議の場で考慮されています。しかし，児童相談所長は，Aさんが希望する家庭復帰ではなく3号措置の方針を決定しました。

児童相談所長はAさんの最善の利益を第一次的に考慮して支援方針を決定する以上，Aさんの意見と異なる結論が出ることは起こりえます（前記第1章第4の2（39頁以下）参照）。意見表明権の保障として重要なのは，その決定の際に子どもの意見が正当に尊重されたのか，そしてその後のフィードバックが適切になされたのかにあります。

子どもの意見が正当に尊重されるための働きかけについては，支援員が援助方針会議に出席し，子どもの意見を正確に伝え，それが正当に尊重されるよう働きかけを行うことが考えられます。場合によっては，支援員がAさんの意見をまとめた資料を作成し，追加資料として援助方針会議の場で共有することも考えられます。また，児童相談所としての結論（今回の場合は3号措置を採ること）やその判断過程についての子どもへのフィードバックは，CW等の児童相談所職員が行います（前記第3章第3の4（137頁以下。特に注197）参照）。フィードバックでは，Aさんの意見がどのように考慮され，なぜ，Aさんの希望どおりの結論にならなかったのかを対話を含めて子どもに説明する必要があります（前記第1章第1の1(5)ウ（19頁以下）参照）。このとき支援員としては，フィードバックが丁寧にされるよう，また子どもが希望する場合には，フィードバックの場に同席することも考えられます[229]。

ウ　28条審判における意見表明支援

本件では，Aさんの父母が3号措置に反対していたことから，児童相談所長は28条審判の申立てを行っています(iii)。

28条審判手続に関しては，Aさんは15歳未満ではありますが，調査官による面接等によってAさん本人が意見を聴かれる機会は保障されることが多いと

---

229) スタートアップマニュアル案51頁。

思われます。しかし，それ以上にＡさん自身が28条審判手続に主体的に関与しようとする場合には，Ａさんが利害関係参加し，Ａさんのために子どもの手続代理人が選任されることが考えられます（前記第2章第1の4(2)ア（72頁以下）参照）。

　そこで，既にＡさんのために活動している支援員は，Ａさんの手続代理人となって，28条審判手続においてＡさんの意見を代弁し，Ａさんの意見が正当に尊重されるよう活動することが想定されます。子どもの手続代理人が子どもの意見表明権を実質的に保障するものとして導入された経緯に鑑みれば[230]，支援員が手続代理人として審判手続に積極的に関与することが望ましいと思います。

　具体的な支援員としての活動としては，Ａさんの意見を聴き取り，（場合によってはＡさんとともに）Ａさんの意見（views）を書面にまとめ，裁判所に提出することなどが考えられます。裁判所が子どもの最善の利益を第一次的に考慮して判断できるように，子どもの「代理人」（条約12条2項）として，子どもの意見を正確に伝え，また子どもの意見が正当に尊重されるように働きかける存在として活動することが求められます。

　他方で，支援員は，子どもの「意見を表明しない権利」にも留意しなければなりません（前記第1章第1の1(2)（9頁以下）及びコラム2（48頁）参照）。

　すなわち，28条審判手続において，子どもが表明できる事項は，今後の生活場所（家庭復帰か3号措置か）の希望だけではありません。仮に家庭復帰を望んでいたとしても自宅に帰ったときにどういう点に不安があるか，3号措置を希望したとしてもその後の家族との交流はどうしたいかなどについても子どもは意見を表明することができます。しかし，あくまでこれらは「表明する権利」，「聴かれる機会」が確保されるということであって，子どもに意見表明の義務を課すものではありません（コラム2（48頁以下）参照）。そのため，子どもに強制的に意見を表明させることは許されません。支援員としては，今後の子どもの支援（人生）に関わる重要な事項であったとしても，子どもが意見表明することを望んでいないのであれば，無理やり意見を表明させるような活動

230）前掲注67）日本弁護士連合会子どもの権利委員会編247頁。

は厳に慎まなければなりません。他方で，自分の意見を上手に伝えることができない子どもに対しては，意見形成支援（前記第1章第1の2（21頁以下）参照）を行うことが必要となります。

(2) 事例2 親子関係不良事案（第2章第2の3（98頁以下）の事案）

B さんのケース

12歳，小学6年生のBさん。母とBさんの2人で生活をしている。

Bさんは小学2年生の時に ADHD（注意欠陥・多動性障害）の診断を受け，薬が処方されている。しかし，薬の副作用として食欲減退や不眠が生じるときがあり，母から薬を飲むように言われても，見つからないように薬を飲まずに勝手に廃棄していることがある。

Bさんは小学4年生の頃から同級生とのケンカや教師に対する暴言，授業中の教室からの飛び出しなどがエスカレートし，母は毎月のように学校から呼び出されていた。さらにBさんは母に対しても暴言を吐き，暴力を振るうようになり，程度も徐々に激しくなっていった。この頃から母は児童相談所に相談するようになり，CW はその都度，Bさんに対して指導を行っていた。

Bさんからの暴言や暴力に対して，母は当初Bさんに対して同じように暴言や暴力で返していたが，徐々にBさんに力で敵わなくなり，最近では，一方的に母が暴力を振るわれることが多くなっていった。CW や CP は，1〜2か月に1回程度の頻度で母及びBさんと面接し，Bさんに対して繰り返し指導をしていたが，Bさんの母に対する暴言・暴力は収まることはなかった。

このような状況が続き，母はとうとう，Bさんを一時保護してほしいと児童相談所に訴えるようになった。そこで，CW は，Bさんに対しては，薬を服用することや母に対して暴力を振るわないことなどを内容とした指導を，母に対しては，Bさんの服薬管理をすることやBさんに対して暴力を振るったり暴言を吐かずに距離を取るようにすることなどを内容とした指導をそれぞれ2号指導措置として行うとともに，Bさんに対しては，今後，母に暴力を振るった場合には一時保護をせざるを得ないことも伝え

た。しかし，Ｂさんは「お母さんが悪いんだ！　こんな指導なんか従わない!!!」と叫んだ。

　その後，当該指導から２週間もしないうちに，母から宿題をするよう言われたＢさんは，学校で使っていた彫刻刀を持ち出して，母に対して「殺すぞ，ババア！」と脅し，さらには母の足や腹を蹴った。母は，Ｂさんの養育は限界だと感じ，警察と児童相談所に連絡し，その日のうちにＢさんは一時保護された。

　Ｂさんは一時保護によって一時保護所に入る時には落ち着いていたが，一時保護２日目の昼に，一時保護所内で「家に帰せ!!」と叫んで，暴れた(i)。

　CW や CP は，現状では家に帰すことができないことを説明したがＢさんは納得できず，一時保護に対して不服申立てをしたいと述べた(ii)。

ア　一時保護の決定に対する意見表明支援

　Ｂさんは，一時保護の決定に不満があり，家に帰りたいと訴えています(i)。
　ここでも前記本章第１の５(1)ア（174 頁以下）と同様，まずは，Ｂさん自身がその意見を児童相談所職員に対して伝えることができるかどうか，伝えることができたとして，職員からの説明にＢさん自身が納得いくかどうかが問題となります。いずれかが満たされないような場合には，支援員はＢさんが職員に対して意見表明できるよう支援を行うこととなります（それ以前に，泣きわめいたり暴れまわるといった言動だけが見られ，Ｂさんが自分の意見を他者に伝えることが難しい場合には，意見形成支援（前記第１章第１の２（21 頁以下）参照）が必要になります。）。また，仮にＢさんが自分の意見を職員に伝えられたとしても一時保護処分についての職員の説明が理解できないような場合には，Ｂさんに十分にフィードバックが行われるよう職員に働きかけるなどの支援を行います。

イ　審査請求手続における意見表明支援

(ア)　支援員が審査請求手続の代理人になることの意義

　Ｂさんに対して職員から丁寧なフィードバックがなされたにもかかわらず，それでもＢさんが一時保護に納得いかない場合，Ｂさんは一時保護に対する審

査請求を行うことが考えられます。このとき支援員は，子どもの代理人として審査請求手続を行うことが想定されます。

　子ども自身が行政不服審査法に基づく審査請求を行うことができることについては前記第2章第1の2(2)ア(ウ)（61頁以下）及び同章第2の3(3)（101頁以下）で説明しましたが，支援員がそれをサポートすることについては違和感を覚える人もいるかもしれません。審査請求を行うこと，さらにはそれを支援することが子どもの最善の利益に反するのではないか，という意見もあるかもしれません。

　しかし，子ども自身に一時保護に対する審査請求を行うことが認められている以上，その手続の中で子どもが自ら意見を表明できるよう支援し又は必要に応じて代弁すること，そして子どもの意見が正当に尊重されるように働きかけること及び却下される場合にはその理由について子ども本人が理解できるようにフィードバックするよう働きかけることは支援員の本来的な活動であり，審査請求という手続の中であってもそれは変わらないと考えます。繰り返しになりますが，決定権者が「子どもの意見を尊重する」ということは，子どもの言いなりになるということではありません。子どもの「家に帰りたい。」という意見を正当に尊重したとしても，家庭復帰することが子どもの最善の利益に反する場合には児童相談所長は一時保護を解除するという判断はしませんし，審査請求手続においても，審査庁は子どもからの審査請求を棄却することになります。支援員は，あくまで，決定権者（児童相談所長や審査庁など）が子どもの意見を適切に尊重するように働きかけること，そして，子どもの希望が叶わなかった場合にその理由がきちんと子どもにフィードバックされるように活動することが使命です（前記第3章第2の2(3)ア（127頁以下）参照）。

(イ)　支援員の役割

　このような説明を行うと，「では，仮に，子どもの審査請求が認められて，一時保護が解除されて，子どもがさらなる虐待被害に遭ったらどうするのか。」という反論をなされることがあります。確かに，このような結果は，絶対に避けなければならないものです。そのため筆者は，そこも含めて，「子どもの意見を尊重するということは，子どもの言いなりになるということではない。」と説明しています。

　前述のとおり，児童相談所長や審査庁等の決定権者は，「子どもが家に帰りたいと言っている」ことにのみ依拠して一時保護の解除を認めるのではなく，子どもの最善の利益を第一次的に考慮した判断を行わなければなりません（前記第1章第4（35頁以下）参照）。児童相談所としては，子どもの意見（言い分）を尊重した上で，その他の考慮要素も含めて総合的に判断した結果，家庭復帰が適切でないという自らの判断過程を全力で主張・立証する必要があります（その結果，子どもが一時保護処分に納得し，審査請求を取り下げるということも十分にありえると思います。）。審査庁としても，子どもの意見だけでなく，処分庁の弁明も踏まえた上で，子どもを家に帰すことが子どもの最善の利益に反すると判断するのであれば，子どもからの審査請求を棄却すべきです。

　他方で支援員は，審査請求手続の場でも変わることなく，子どもの意見表明を支援し，また表明された意見が正当に尊重されるよう働きかける（主張する）ことが求められます。「子どもの請求が認められると子どもの最善の利益に反する結果が見込まれるから，審査請求しないように子どもを説得する」という態度は子どもの審査請求を行う権利を不当に制限するものですし[231]，また「審査請求手続では子どもの意見はあまり主張しないでおこう。」という態度は子どもの意見表明権を不当に侵害するものであり不適切だと考えます[232]。

　子どもの人生に大きな影響を与える事項について，子どもは精一杯自分の声を上げ，決定権者（児童相談所長や審査庁，裁判所等）はそれを正当に尊重した上で子どもの最善の利益を第一次的に考慮した判断を行う，子どもの真剣さに対して大人も真剣に向き合うことが（たとえ自分の意見が通らなくとも）子どもが自分の人生を自分の足で進むことにつながると考えます（筆者の考え方であっても，子どもの意見を尊重すること，そして支援員が子ども主導のもとで意見表明支援を行うことは，子どもに自己責任を負わせるということにはなりません。）[233]。

231）支援員が子どもの最善の利益を考慮して活動することの危険性については前記第3章第3の2(2)（135頁）参照。また，支援員が事案の情報を持っていることが子どもの意見表明支援を阻害するのであれば，支援員に情報を伝えることを控えることになる点について前記本章第1の2(4)（153頁以下）及び同4(2)ウ（167頁以下）参照。
232）支援員たる弁護士は，依頼者（子ども）の意思を尊重して職務を行うこととされています（弁護士職務基本規程22条1項）。

(3)　事例3　非行事案

> ### Dさんのケース
>
> 　12歳，中学1年生のDさん。父母とDさんの3人で生活している。
>
> 　小学校在籍時から比較的おとなしい性格で，特に友人とのトラブル等はなく，成績も学年で平均程度であった。しかし，中学校に入学した直後から徐々に遅刻が増え，5月の連休からは欠席が多くなり，家でも部屋に閉じこもることが多くなっていった。
>
> 　夏休みに入ると，Dさんは，さらに日中，部屋に閉じこもる時間が増えていった。また，部屋から出てきても家族と会話することはなく，近所のコンビニなどで立ち読みをしたり，公園のベンチに座って一人でスマートフォンのアプリで遊んでいる姿が発見されていた。
>
> 　母は，Dさんが日中部屋で何をしているのか，学校で何か嫌なことがあったのかなど心配し，Dさんと話をしようとするが，Dさんは「何もない。話しかけないで」と何も話そうとしなかった。父は，朝5時に起きて仕事に行き，帰宅も毎日午後10時頃であったため，子育ては母に任せきりにしており，母が父にDさんのことが心配であることを伝えても，「そういう年頃なんだろう。放っておけばいい」としか言わなかった。
>
> 　夏休みも終わりかけとなった8月下旬，この日はDさんが午後2時頃から家を出ていたところ，夕方に警察からDさん宅に電話があった。警察によると，公園でDさんが小学6年生の女児にわいせつ行為を行ったということで，今，警察署で話を聴いているとのことであった。
>
> 　母はDさんが事情聴取されている警察署に行き，警察から事情を聞いたところ，女児へのわいせつ行為は今回が初めてではなく，これまでにも数

233）令和5年1月12日4東児福第73号東京都児童福祉審議会「児童相談所が関わる子供の意見表明を支援する仕組み（子供アドボケイト）の在り方について」16頁には，子どもの手続代理人を経験した者からも「子供の言うとおりにして不幸になったらどうするのかと反論を受けることがあるが，子供の最善の利益は子供の意見表明の先にしかない。子供の意見を受け止めて解決を図ることで，子供も納得し，同じ結論でもより豊かな最善の利益を生み出すことができるのではないか」との意見が出されています。なお，「子ども主義」やアドボカシーの理念等については筆者とは異なる考え方もあることについて前掲注187）参照。また，筆者の考えが必ずしも兵庫県弁護士会としての考えと全てにおいて一致しているわけではありません。

回，小学校高学年の女児に無理やりキスをしたり，服の上から胸を触ったり，自分の性器を触らせたりしたことがあったとのことであった。警察は，Dさんの非行傾向が一定程度進んでおり要保護性が高いとして，児童相談所に身柄付き通告を行うこととし，母にもその旨を伝えた。

　その後，一時保護所において一時保護されたDさんは，他の入居児童と交流することはなく，多くの時間を個室で過ごしていた。しかし，指導員と話す中で徐々に自分の非行を振り返ることができるようになり，被害児童への謝罪の言葉は出なかったが，「お父さんとお母さんに謝りたい。でも，一人で会うのは心細い。怒られるかもしれない……。」と述べた(ⅰ)。

　その後，児童相談所長は，Dさんの非行傾向が進んでいること及び非行事案について十分に向き合うことができていないことなどから，少年審判手続の中で十分な振り返りや反省を行うことが必要であるとして，観護措置（少17条）及び保護処分としての児童自立支援施設への送致（少24条1項2号）が相当であるとの意見を付して，児童福祉法27条1項4号に基づいて家庭裁判所への送致を行うこととなった(ⅱ)。

　Dさんは観護措置が採られ，その後，少年審判が開かれた。

ア　保護者に対する意見表明支援

　Dさんは非行に及んだことについて父母に謝りたいと述べていますが，他方で，非行に及んだことにより父母に怒られるのではないかとの不安を抱いています(ⅰ)。

　このような場合，CWは，父母との面談等を踏まえて，父母がDさんに対して今どのような心情を抱いているかについて必要に応じてDさんに情報提供をします。その上で，Dさんが父母と面会することが可能であれば，CWは親子面会の機会を設けます。このとき，Dさんが，「親子面会の際には隣に支援員に座ってほしい。」，「面会の前に支援員と打ち合わせをして，言葉に詰まったときは支援員にフォローしてほしい。」，「どうしても話せなくなったら，代わりに，自分の気持ちを伝えてほしい」というような意見があった場合には，親子面会に同席した上で，Dさんが父母に謝罪（意見表明）できるよう支援し，意見表明が困難な場合には代弁することになります[234]。

　そのため，支援員としては，どういう状況であればDさんは話しやすくなる

のか（席の配置，話す順番，話題提供の有無やタイミング等）をＤさんと一緒に考え，父母との面会の際に，可能な限りＤさんが話しやすい環境となるよう児童相談所に働きかけを行うことになります。

　また，改正児童福祉法により新設された意見表明等支援員の活動においては，意見表明の相手方は「関係機関等」として児童相談所や施設，里親等が想定されていましたが（前記第3章第2の2(2)（124頁以下）参照），本来，子どもが意見を表明する対象はこれらに限られません。本事例のように保護者等に対しても子どもは意見表明をすることを望むことがあります。本制度の支援員は，このような子どもの意見表明権を保障するための活動も行います。

イ　少年審判における付添人活動

　その後，児童福祉法27条1項4号に基づき，Ｄさんは家庭裁判所に送致されることになりました(ⅱ)（言うまでもなく，このような援助方針についてもＤさんの意見が正当に考慮されなければならず，前記本章第1の5(1)イ（175頁）と同様，支援員が援助方針会議に出席することも考えられます。）。

　家庭裁判所送致後，Ｄさんは観護措置が採られ，少年審判が開かれることになりました。このとき，Ｄさんは付添人を選任することができます（少10条）。家庭裁判所に送致されるまでの一時保護期間中に既に支援員はＤさんと交流を重ね，Ｄさんと支援員には一定の信頼関係が構築できていると考えられます。そのため，支援員は，少年事件に関して付添人として活動することが想定されます。

　元は支援員であったとしても，付添人に選任された以上は，通常の付添人としての活動が求められます。意見表明支援だけでなく，被害者との示談や環境調整なども試みることになります。これらの活動は必ずしも条約12条の子どもの意見表明権の保障のための活動ではありませんが，家庭裁判所に送致される前から信頼関係を築いた支援員が，そのまま付添人として活動することは付添人にとっても，Ｄさんにとってもメリットがあると考えます（前記本章第1の3(5)（164頁）参照。反対に，支援員が付添人に就任することの課題について後記

234）支援員の役割は，子どもの意見を全て代弁することではなく，まずは子どもが自ら意見を表明できるように支援し，子ども自身による意見表明が困難な場合に子どもの声を代弁します（前掲注13）大分県大分大学権利擁護教育研究センター85頁，浦弘文「兵庫県明石市におけるこどもの意見表明支援制度」子どもの虐待とネグレクト25巻1号271頁。

本章第1の6(2)ウ（192頁以下）参照）。

(4)　事例4　養護事案

> ### Eさんのケース
>
> 11歳，小学5年生のEさん。父とEさんの二人で生活している。
>
> 父はEさんが3歳の頃に母と離婚し，Eさんは母との交流がない。また，父方祖父母は既に亡くなっており，父にきょうだいはいない。
>
> Eさんは学校の成績こそ良くなかったが，父子関係は良好で，学校も休まず登校しており，友人関係にも恵まれ，毎日楽しそうに暮らしていた。
>
> しかし，ある日，父が運転していた車に反対車線から飛び出してきた大型トラックが正面衝突し，父は死亡した。
>
> 養育者がいなくなったEさんは，児童相談所に一時保護されるとともに，約1か月の行動観察等を経た後，児童養護施設に措置される方針となった。しかし，一時保護直後からEさんは，父の死亡に大きなショックを受け，個室から出て来ない時間が多く，食事や自由時間等も一人で過ごすことがほとんどであった。
>
> そして，十分な行動観察はおろか，心理検査等もできないまま1週間が過ぎた頃，一時保護所児童指導員はEさんに対して，「いくら落ち込んでもお父さんは帰ってこないし，お父さんもEさんが前向きに生きていくことを望んでいると思うよ。みんなと同じように，一緒に起きて，一緒に食べて，一緒に遊ぼう。」と声を掛けた[235]。Eさんは，なんとか他の児童と遊ぼうとしたが，ふとしたときに涙が出たり，気分が落ち込んだりするなど，みんなと一緒に過ごすことがつらく，それを支援員に伝えた(i)。
>
> 他方で，児童相談所長はEさんに親権者がいないことから，未成年後見人の選任を申し立てることとした(ii)。

ア　一時保護中の過ごし方に対する意見表明支援

児童相談所の職員としては，Eさんの一時保護期間を可能な限り短くしたい

---

235) 本書の事例は全て架空のものであり，本事例も含めて，センターの職員が子どもに対してこのような声掛けや対応をしているわけではありません。

との思いもあり[236]，必要な各種診断をできるだけ早期に行いたいと思っています。そのため，職員はＥさんに対して他の児童と合流して過ごすよう声掛けをしましたが，Ｅさんは，父の死について受け止めきれておらず，一人で過ごす時間が欲しいと考えています(ⅰ)。

　一時保護所におけるスケジュールも，適切なアセスメントを行うためや子どもの健康保持，生活リズムを整えるためなどの理由から設定されています。特に就学児であれば，一時保護が解除された後にスムーズに学校生活に復帰できるようにスケジュールが組まれているところもあると思います。他方で，子どもにとっては，一時保護所は慣れない環境であり，その入所経緯もそれぞれです。そのため，Ｅさんのように一時保護所のスケジュールとは異なる過ごし方を希望する子どももいます（気分が乗らないからと言って自分の部屋に戻る子ども，日焼けが嫌だと言って外に出ない子ども，何も言わずに急に自分の部屋に閉じこもってしまう子どもなど理由も態様も様々です。）。

　このような子どもの意見表明権の保障及び支援員の活動内容としては，一時保護所におけるルールに関するものと大きく異なるところはないと思われます（前記本章第1の5(1)ア（174頁以下）参照）。支援員としては，Ｅさんがこのような意見を直接児童相談所職員に伝えることが難しい場合，Ｅさんの意見を代弁します。また，Ｅさんが涙を流したり気分が落ち込んだりする理由やＥさん自身がどうしたいかを上手に言葉等で表現できない場合には，意見表明の前提となす意見形成支援を支援員が行うことも想定されます（前記第1章第1の2（21頁以下）参照）。

　その上で，Ｅさんが希望する一時保護所での過ごし方についての意見を児童相談所に伝えるとともに，そのようなＥさんの意見を正当に尊重した上で，柔軟に対応できないか検討するよう働きかけを行います[237]。

イ　未成年後見人の就任

　Ｅさんには親権者がいないことから，児童相談所長は未成年後見人の選任請

236）一般的に一時保護所は子どもの人権を制約する側面があるため，一時保護所で過ごす時間は必要最小限の期間であることが望ましいとされています（一時保護ガイドラインⅡ2(2)（5頁），前掲注42）小野ほか8頁参照）。
237）一時保護では共感的な対応を基本とした個別化された丁寧なケアが求められています（一時保護ガイドラインⅡ2（3-4頁）参照。

求を行っています（児福33条の8）(ii)。Eさんには頼れる親族がいないことや，父の相続に関する手続，その後の遺産や保険金を含む財産管理等を行う必要があることから，専門職が後見人に就くことが予想されます。

　このような場合には，支援員が弁護士としてそのままEさんの未成年後見人に就任することが想定されます。

　また，Eさんは施設入所措置が採られる方針となっています。施設入所措置が採られた後も児童相談所は当然，措置児童としてEさんの支援を行いますが，生活場所が施設に移る以上，物理的な影響も含め一時保護所内にいるときと同じような頻度や時間でEさんに接することができません。代わりに施設に入ると施設の担当職員が支援者として加わることになりますが，Eさんにとっては，父が亡くなった後すぐに一時保護所で生活することになり，さらにその後，一か月程度で施設に移ることになります。周りの環境も関わる大人も，一時保護そして3号措置によって大きく変わることになります。さらに，Eさんの場合には施設退所後は自立への道を歩んでいくことになる可能性が高いと考えられます。

　このように，一時保護，3号措置そして自立によって子どもに関わる大人が変化していくことは避けようがありませんが，一時保護時から関わっている支援員が措置後，さらには自立後も一貫してEさんに関わることができるということは，支援員が未成年後見人になることの大きなメリットの一つだと思います（反対に，支援員が未成年後見人に就任することの課題については後記本章第1の6(2)ウ（192頁以下）参照）。

⑸　事例5　虐待事案②

Fさんのケース

　15歳，中学3年生のFさん。母と養父とFさんの3人暮らし。Fさんが小学1年生の頃に母が離婚し，Fさんが小学5年生の時に母は養父と再婚した。その際，養父とFさんの養子縁組がなされた。

　Fさんは，明るくて成績も良く，生徒会長を務めている。

　ある日，Fさんは給食を食べる直前に，気分が悪くなったと言って保健室を訪れた。養護教諭が気になり，声をかけたが「少しだけベッドで横に

なりたい。」と言ったので，そのまま寝かせることにした。数分後に，「先生，ちょっと話を聞いてもらってもいい？」と言ってきたので，話を聴くと，「一人でお風呂に入っていると「あ，間違えた」とかわざとらしく言いながら，お父さんがドアを開けてくる。」，「お母さんが買い物などで出かけると，お父さんが体を触ってくることがある。」，「昨日，寝室で服を脱がされて，性器を触られた。嫌だった。」などと訴えた。

　養護教諭は，Ｆさんが養父から性的虐待を受けているとして校長に報告し，校長は児童相談所に通告した。

　児童相談所長はその日のうちにＦさんを一時保護し，司法面接の実施も視野に入れ，検察・警察との連携を行った。その後行われた司法面接では，Ｆさんは表情が暗くなることもあったが，日時や場所等は比較的正確に記憶しており，しっかりと話すことができた。また，その中で，実際には一時保護前日には性交に至っていたこともＦさんの口から語られた。

　養父は，警察の取調べに対して，Ｆさんへの犯行を全面的に否認した。

　捜査機関は，養父を監護者性交罪で起訴しようと考えていたが，このままではＦさんに公判において証言を求める可能性があることから，告訴も含めてＦさんに父への処罰意思について確認することとした。

　これに対して，Ｆさんは，養父の処罰を望んだ(ⅰ)。

　また，Ｆさんは養父との縁を切りたいと述べた(ⅱ)。

ア　犯罪被害者支援

　性的虐待を受けたＦさんは，養父の処罰を望んでいますが(ⅰ)，虐待親である養父の刑事手続においてＦさんは「被害者」の立場として事情聴取等を受けることもあり，刑事裁判においては証人として証言を求められる可能性もあります。

　平成29年の刑法改正により強姦罪が強制性交等罪となり，さらには監護者わいせつ罪や監護者性交等罪が新設されました。また，これらの処罰に関しては，非親告罪とされ，被害者の告訴が不要となりました。これにより，本件ではＦさんの告訴がなくても検察官は養父を起訴することができます。しかし，Ｆさんの告訴が法律上は必要なくなったとしても，実際において刑事手続の

様々な場面でＦさんは巻き込まれ，場合によっては法廷での証言が求められることになります。そのため，Ｆさんに二次被害を与えないためにも，Ｆさんに対しては刑事事件とはどういう手続なのか，その中でＦさんはどのような関与を求められることになるのか，証人として出頭しなければいけない場合とはどんな場合か，証人として出頭する場合には養父の前で証言しなければならないのか，傍聴人にも見られるのか，一人で証言台に立たなければならないのか，などについて丁寧な説明を行う必要があります[238]。これらの説明は，捜査機関や児童相談所の職員が行うことも考えられますが，支援員が犯罪被害者支援としてＦさんに説明を行うことも可能だと考えます[239]。

　また，Ｆさんは証人尋問だけでなく，犯罪被害者による心情等の意見陳述（刑訴292条の2），さらに被害者としての手続参加（刑訴316の33以下）などを行うことも考えられます[240]。これらの支援は児童相談所の職員のみでは十分な支援を行うことは難しいと思いますので，弁護士である支援員が支援を行うことが有益であると考えます。

イ　離縁手続に関する子どもの代理人の就任

　さらにＦさんは，養父との縁を切りたいと訴えています(ⅱ)。

　養父が離縁に承諾するのであれば，離縁届を役所に提出することによって離縁することができます。しかし，養父が離縁に反対する場合には，裁判手続によって離縁を求めることになります。離縁の訴えは，子ども本人が申し立てることもできますが（民815条，811条1項），性的虐待の被害者である15歳のＦさん自らが虐待者である養父に対して裁判手続を申し立て，さらにはその後の手続を行うことは実質的に困難です。そのため，このような場合には，子どもの手続代理人が付くことが予想されます（家事23条1項，252条1項5号，人訴2条3号参照。詳細は前記第2章第1の4(2)イ（74頁）参照。）。

　本事例においてはＦさんの支援員がこのような裁判手続においてＦさんの手続代理人として活動することが想定されます。

238）本書執筆時点（2023年3月），刑事裁判手続における司法面接の記録媒体の証拠能力について議論がなされていますので，刑事訴訟法の改正内容によっては子どもに対するこの点の説明内容も変わってくる可能性があります。

239）前掲注67）日本弁護士連合会子どもの権利委員会編 326頁参照。

240）前掲注67）日本弁護士連合会子どもの権利委員会編 362頁。

🍀 6　実績と課題

　ここまで本制度の概要，本制度が構築されるまでの経緯や，筆者が想定していた支援員の活動内容等について説明してきました。これらを踏まえて，本制度の実績として支援員の実際の活動内容を紹介したいと思います。また，本制度を運用する中で見えてきた課題についても，筆者の考えとして述べたいと思います。

(1)　実績

　支援員の活動実績については，本制度構築の際に筆者がこだわった援助方針会議に支援員が出席するという活動例は複数の実績があります。支援員が援助方針会議に出席して子どもの意見を代弁するだけでなく，支援員が事前に子どもの意見をまとめた書面を準備し，それを援助方針会議の資料としたケースもあります。支援員が子どもの代理人として，子どもの意見をまとめた資料は子どもの意見表明権の保障として大きな意味を持ちます。センターとしても，本制度によって，これまで以上に適切に子どもの意見を把握した上で支援方針等を決定することができるようになりました。

　また，一時保護中の子どもが保護者に対して自身の気持ちを伝えることを支援する目的で，子どもと保護者との面会の場に支援員が立ち会ったケースもあります（前記本章第1の5(3)ア（182頁以下）参照）。セルフアドボカシーに向けた活動といえます[241]。

　さらに非行事案に関してセンターが児童福祉法27条1項4号に基づいて家庭裁判所に送致したケースについて，一時保護中についていた支援員がそのまま付添人として活動してもらったケースもあります（前記本章第1の5(3)イ（183頁）参照）。そして，虐待事案に関しては虐待親の刑事事件に関して被害者支援という立場で活動をしてもらったケースや（前記本章第1の5(5)ア（187頁以下）参照），離縁手続に関する支援をしてもらったケース（前記本章第1の5(5)イ（188頁）参照）もあります。

　いずれも，当初は「支援員」として活動していた弁護士が，そのまま付添人

241）前掲注13）大分県・大分大学権利擁護教育研究センター19頁。

や代理人等として活動したケースです。子どもの意見を直接聴き取った支援員が弁護士として活動ができるという本制度の強みが活かされています（前記本章第 1 の 3(1)イ（160 頁以下）及び同(5)（164 頁）参照）。

(2)　課題

　他方で，本制度にはまだまだ課題もあると筆者は考えています。各地で意見表明等支援事業の構築の検討の際に，本制度が参考となることを願い，本制度の課題点についても筆者の考えとして述べておきたいと思います。

ア　本制度を利用できる子どもの対象が限定されていること

　本制度の課題としては，まず，本制度を利用できる子どもが限定されていることが挙げられます。令和 5 年 2 月現在，本制度を利用できる者は一時保護若しくは委託一時保護，3 号措置，社会的養護自立事業を利用して里親宅や施設等で生活している又は自立援助ホームに入所している子ども等に限られています。そのため，2 号指導措置を含めた在宅支援中の子どもは本制度を利用することができません。改正児童福祉法によって新設された意見表明等支援事業は，2 号指導措置中による在宅で生活する子どもも対象となると考えられるため（前記第 3 章第 2 の 2(1)（123 頁以下）参照），在宅で生活する子どもも本制度を利用できるように拡大される必要があります[242]。

　さらに，年齢がおおむね小学生以上の子どもに限られている点も課題だと考えます。子どもの意見表明権は 0 歳の子どもにも認められている権利ですし（前記第 1 章第 3 の 1 （28 頁以下）参照），改正児童福祉法により新設された意見表明等支援事業の対象にも 0 歳児が含まれています（前記第 3 章第 2 の 2(4)（129 頁以下）参照）。

　子どもの意見表明権を保障するための制度は本来，子どもの年齢に制限をかけるべきものではありませんので，年齢制限についても拡大が必要かと思います[243]。しかし，本制度の枠組みにおいては，0 歳の子どもが支援員となる弁

---

242) 本制度においては，一時保護された子どもが家庭復帰となった場合，支援員は一時保護期間中にしか活動ができません。しかし，そのような一時的な期間であったとしても子どもと支援員の信頼関係は強いものとなることがあります。そうすると，家庭復帰になった瞬間に支援員とのつながりが絶たれてしまうことは，子どもにとっては大きな喪失体験となってしまう可能性があります。家庭復帰後（又は施設等からの自立後）のアフターフォローについての制度設計も必要になると考えます。

護士と直接契約を締結することはもちろん，自ら支援員の派遣を依頼することも困難です。そのため，未就学の子どもなどについては，本制度とは異なった枠組み（例えば，子どもからの要望を待たずに支援員が子どものもとを訪れ，「意見聴取」や子どもの「その他これらの者の状況に応じた適切な方法」（改正児福6条の3第17項）によって子どもの意見を把握した上で連絡調整を行うような制度）が必要になるかと思います。

イ　弁護士以外の支援員の確保

本制度は，支援員が弁護士であることが大きな特徴の一つであり，それによる大きな利点もあります（前記本章第1の3(1)イ（160頁以下）参照）。

しかし，児童相談所が関わる子どもは年齢も性別も，そして境遇も様々です。0歳の子どももいれば高校生の子どももいますし，発達障害や精神障害を有している子どもも珍しくありません。場面緘黙症の子どもや最重度の虐待で心身ともに大きな傷を負っている子どももいます。

支援員となる弁護士は，（一定の研修を受講していたとしても）福祉や心理，児童発達の専門家ではないため，公認心理師や保健師といったこれらの専門家が支援員を務めることが望ましい場合もあると考えます。さらには，資格等にこだわらず，広く子どもの権利等に関心のある者や社会的養護を経験した者が支援員を務めることのメリットも大きいと考えます。実際，このような者がアドボケイトとして活動することは珍しいものではありませんし[244]，筆者としても，アドボケイトの養成研修を受講すること等を条件としたとしても，それに加えて何らかの国家資格等が必ず必要であるとは考えません[245]。

筆者としては，一人ひとりの子どもの状態や状況（子どもの年齢や発達，措置中か在宅か，その子どもの声を聴いてくれる人を増やすことが重要なのか権利救済としての活動が必要になるのかなど）に応じた支援員が選定されることや一人の子どもに複数の支援員がつく複数選任もできる制度設計が望ましいと考えます。

243）スタートアップマニュアル案46頁。
244）前掲注3）栄留147頁，前掲注222）栄留ほか14頁参照。
245）前掲注13）大分県・大分大学権利擁護教育研究センター49-50頁参照。

ウ　支援員が子どもの未成年後見人などを務めること

(ア)　支援員が未成年後見人となることの弊害

　支援員がそのまま未成年後見人等に就任する点は，本制度の大きな特徴の一つであり，それによるメリット（前記本章第1の3(1)イ（160頁以下）及び同(5)（164頁）参照）もある一方で，課題もあると考えます。

　すなわち，支援員は「子ども主導」で活動することが求められます。中立公正な立場ではなく，子どもが自由に意見表明をすることができるように，そして表明された意見が決定権者による判断の際に正当に尊重されるように活動します。しかし，未成年後見人は，子どもの最善の利益もとで，子どもに関して一定の権限を行使し，義務を負う立場となりますので（民820条，857条），「子ども主導」で活動することができなくなる場合があります。

　例えば，前記本章第1の5(4)（184頁以下）のEさんの事例では，Eさんは一時保護中の過ごし方について意見を述べていました。支援員としては，一時保護の過ごし方に関するEさんの意見内容が客観的な「子どもの最善の利益」に適うものかどうかは関係なく，子どもの意見が正当に尊重されるように，Eさん主導の下で活動を行います。

　その後，支援員はEさんの未成年後見人に就任しましたが，このとき仮にEさんが父の遺産として500万円を相続していたとします。そしてEさんが支援員に対して，「相続したお金500万円を全部スマホのゲームの課金に使いたいから，全部引き出してほしい。」と希望を述べたとき，支援員は未成年後見人としてEさん財産管理権があるため，（物理的には）預金を引き出して500万円をEさんに渡そうと思えば手渡せる立場になっています。

　しかし，未成年後見人は，子どもの最善の利益をもとに権限を行使し，義務を果たさなければならないため，実際には，Eさんの今後の進学や自立等を考慮して，そのまま500万円を子どもに渡すことは適切ではないと判断することになります。そうすると，Eさんにとっては「一時保護中は自分の気持ちを聴いてくれて，児童相談所の人に伝えるなどの応援してくれたのに，未成年後見人になった途端に自分の希望を聴いてくれない。」と感じてしまうこととなります[246]。

(イ)　支援員の複数選任の必要性

こうした不都合が生じないためにも，アドボケイトは子どもに対しては何の権限も持たないことが基本となっています[247]。決定権者に対して子どもの意見を正当に尊重するように働きかける存在であるアドボケイトと，子どもに対して一定の決定権限を持つ決定権者とが同一であってはならないことは，アドボケイトの独立性の要請からも導かれます。子どもに関して決定権限を持つ者は，子どもの最善の利益を第一次的に考慮しなければならず（前記第1章第4の1（35頁）参照），子ども主導での活動ができないからです。

本制度においても，支援員や「子どもの代理人」の立場にとどまる限り，支援員は子どもに対して何らの権限を持つことはありませんので，このような葛藤（支障）は生じません。すなわち，28条審判において子どもが手続参加した場合や親権停止や離縁を子ども本人が申し立てる場合における子どもの手続代理人，一時保護や3号措置に対して子どもが審査請求をする場合における子どもの代理人などは，審判や審査請求という手続の場において，裁判所や審査庁という決定権者に対して，子どもの意見を代弁（主張）する存在（条約12条2項の「代理人」）にほかならないからです（前記第2章第1の4(2)ア（72頁以下）参照）[248]。

しかし，未成年後見人は明らかに「子どもの代理人」とは立場が異なります。未成年後見人に就任することにより，（子どもの最善の利益を考慮して行使しなければならない）一定の権限を持つことになるからです。子ども主導で活動することが求められる支援員が，一定の事項（財産管理等）についての決定

246）「子ども主導」やアドボカシーの理念，意見表明権の保障等についてどのように解釈するかによって見解が異なりうることについて，前掲注187）及び前掲注233）参照。

247）前掲注33）堀56頁。

248）前掲注102）及び注103）参照。子どもの手続代理人は，条約12条2項の「代理人」として本人の主観的利益を代弁することで本人の法的利益を擁護する者です。依頼者である子どもの意思を尊重して職務を行うこととされており，子どもの意思を変えさせる役割は担いません。意見表明等支援員は，弁護士であっても「子どもの意見表明権を擁護する存在」・「条約12条2項の「代理人」」として，そして，前記第3章第3（131頁）の「6つの基本原則」のもとで活動する者として，子どもの最善の利益ではなく子ども主導のもとで意見表明支援員として活動することが重要であると考えます（ただし，その場合でも，子どもから意見を聴くための専門的なスキル等の習得は必要になると思います。前掲注216）参照。なお，弁護士が支援員を担うことの適否については前記本章第1の3(1)ア（158頁以下）参照）。

権者となってしまい，独立性が保たれないことになってしまいます。また，少年審判手続が司法的機能だけでなく福祉的教育的機能をも併せ持つことから，少年付添人も後見的福祉的な立場から活動することが求められる側面を有します[249]。そうすると，付添人も，子どもの教育・更生改善に資するための最善の利益を追求する必要があるとの考え方[250]からすれば，子ども主導で活動できなくなる可能性があります。

　以上のように「支援員」となった弁護士が，継続的に子どもを支援するために未成年後見人や付添人になることには大きな課題があります。しかし，弁護士が支援員を務めるメリットは確かにあると筆者は考えていますので，このような不都合を避けるために，複数の支援員が一人の子どもに対応できるような制度設計が望ましいと考えます。

第2　意見表明等支援事業の実施に向けて

　ここまで本制度について説明してきましたが，本制度はあくまで意見表明等支援事業の在り方の一つにすぎません。全国各地でどのような制度設計がなされるかは，地域の実情等によって変わってくるものと考えますが，共通する部分も多いと思います。

　そこで，本制度の課題等を踏まえた上で，各自治体や各種団体等が意見表明等支援事業の制度構築や運用を検討する際の留意点等について筆者の考えを述べたいと思います。

1　子どもの声を反映させた制度設計

　令和５年４月に施行されたこども基本法により，「こども施策」（こども基本法２条２項）は子どもの意見表明の機会や子ども自身の参画が確保され，年齢

249）裁判所職員総合研修所監修『少年法入門（七訂第二補訂版）』（2018，司法協会）17頁以下及び49頁以下参照。

250）廣瀬健二「付添人の役割と課題―国選付添人制度拡充にあたって―」総合法律支援論叢３号15頁。

及び発達の程度に応じて子どもの意見を尊重した上で行われなければならないことになりました（同法3条3号，4号）。

特に，地方公共団体はこども施策を策定・実施する際には子どもの意見を反映させるための必要な措置を講じなければなりません（同法11条）。具体的には，子どもを対象としたパブリックコメントの実施だけでなく，審議会のメンバーに子どもが入ることやSNSを活用して子どもから直接意見を聴く仕組みなどのほか，脆弱な立場に置かれた子どもや低年齢の子どもも含めて多様な子どもの声を聴き，反映することが求められています[251]。

そのため，意見表明等支援事業を新たに策定・実施する自治体においては，広く子どもの意見を聴き取り，それを正当に尊重した上で制度設計する必要があります。

❀ 2　制度構築及び運用に向けた土台作り

意見表明等支援事業は都道府県自ら実施することも想定されていますが（改正児福34条の7の2第1項），その場合であっても児童相談所が自ら同事業を行うことは想定されていませんし（前記第3章第2の2(3)イ（128頁以下）参照）[252]，事業の趣旨から考えてもそのような枠組みは独立性を保持できないため適切ではありません（WTとりまとめ10頁）。そのため，おそらくは意見表明等支援事業を外部の団体等（以下「事業者」といいます。）に外部委託する形を想定している自治体が多いと思います。

しかし，意見表明等支援事業が改正児童福祉法によって法定化されたとはいえ，例えば，児童相談所内では同事業の導入によってケースワークがしづらくなるのではないかという困惑があるかもしれませんし（前記本章第1の4(2)（166頁以下）参照），施設等においても様々な戸惑いや不安があるかもしれません。また，事業者にとっては「アドボカシー」の意義や「子ども主導」と

251）内閣官房こども家庭庁設立準備室「こども基本法説明資料」（https://www.cas.go.jp/jp/houan/220622/77setsumei.pdf）20頁，令和4年11月14日内閣官房こども家庭庁設立準備室「こども基本法に基づくこども施策の策定等へのこどもの意見の反映について」（https://www.cas.go.jp/jp/seisaku/kodomo_seisaku_suishin/ikenhanei/pdf/221114_renraku.pdf）。

252）第208回国会参議院厚生労働委員会会議録第16号10頁〔橋本泰宏政府参考人発言〕，第208回国会衆議院厚生労働委員会会議録第17号40頁〔橋本泰宏政府参考人発言〕参照。

いった理念などを理解した上で子どもの声を聴き取る専門性やスキルなどを有している意見表明等支援員を確保できるのかという課題があるかもしれません。

そのため，同事業の構築や検討の際には（どのような制度設計にするかにかかわらず），同事業の目的や必要性等を含めた児童相談所や施設内での十分な理解，事業者における意見表明等支援員の確保，そして児童相談所と事業者との間で同事業に対する共通認識を持つことなどの制度構築及び運用に向けた土台作りが必要不可欠となります（スタートアップマニュアル案39-40頁参照）。どれだけ充実した制度ができたとしても，児童相談所・施設及び事業者ともに当該制度についての十分な理解がなされていないと，結局，子どもの権利は十分に保障されないままとなってしまいます。そのため，意見表明等支援員となる者については，アドボケイトに関する養成講座等の受講が望ましいと考えますし，児童相談所や施設の職員などについては意見表明等支援事業の目的や必要性に関する研修を受けることが必要になると考えます[253]。特に，児童相談所や施設の職員などは，自らも子どもの声を尊重する立場（フォーマルアドボカシー）であるという自覚をもって，日頃から子どもと接することが重要であると考えます[254]。

🍀 3　多種多様な意見表明等支援員の確保と複数選任

意見表明等支援事業を行うにあたっては意見表明等支援員の量と質の確保が重要となります[255]。特に，誰が意見表明等支援員を務めるかという点は非常に重要になってきます。筆者としては，前記本章第1の3(1)ア(ウ)（158頁以下）

---

253) スタートアップマニュアル案39頁，50頁参照。

254) 意見表明等支援員などの関係機関から独立して子ども主導のもとで活動する「独立アドボカシー」と，児童相談所や施設の職員などの子どものために働く専門職である「フォーマルアドボカシー」はいずれも子どもの意見表明権を保障するために相互に作用する関係性にあります（もちろん，他のアドボカシーの存在も同様です（前掲注3）栄留27頁以下））。そのため，意見表明等支援事業が導入されればそれだけで子どもの意見表明権が十分に保障されるわけではありません。児童相談所や施設の職員などの「子どもの最善の利益」を第一次的に考慮して判断する者（フォーマルアドボカシー）がどれだけ子どもの声に耳を傾けられるか，そして子どもの声を正当に尊重できるかという点は，独立アドボカシーの導入と同等又はそれ以上に重要なことであると筆者は考えます（スタートアップマニュアル案27頁参照）。

で述べたとおり，子どもの意見表明権を保障するという目的及び6つの基本原則を理解していれば，弁護士資格など持っていなくとも支援員としての資質があると考えます（反対に「弁護士資格があること」を強調しすぎることは，意見表明等支援員の弊害にもなりうる可能性があると思います（前掲注215）参照）。意見表明等支援員に必要なことは特別な国家資格などではなく，前記第3章第3（131頁）の「6つの基本原則」の理解及び子どもの声に真摯に耳を傾ける姿勢だと思います（193頁脚注248参照）[256]。

　他方で，意見表明等支援員が担う業務は，子どもの意見表明権を保障するという極めて重要なものであり，条約12条2項の「代理人」として活動することが求められます。そして，その使命は虐待事案の子どもか非行事案の子どもか，0歳の子どもか高校生かで変わるところはありません。

　そうすると，本制度の課題（前記本章第1の6(2)イ（191頁）参照）でも述べたとおり，専門的知識，経験及び経歴など多種多様な意見表明等支援員を確保・養成することが望ましいと考えます[257]（特に，意見表明等支援事業が2号指導措置中の子どもも対象となると考えると（前記第3章第2の2(1)（123頁以下）参照），多くの支援員の確保が必要になります。）。

　また，必要に応じて，一人の子どもに二人以上の意見表明等支援員がつくような複数選任が可能な制度設計が好ましいと考えます。特に，弁護士が代理人等となるといった本制度類似の制度設計を検討する際には，前記本章第1の6(2)ウ（192頁以下）の課題を克服するためにも複数選任は大きな意義を有することになります（ただし，後記本章第2の5（198頁）のとおり，子どもの負担にも留意する必要があります。）。

　さらに，個々の意見表明等支援員に過度な負担が生じないよう，意見表明等支援員が実際の活動の際に助言等を得ることができるようにスーパーバイザー

255）スタートアップマニュアル案42頁以下参照。また，都道府県は「意見表明等支援事業が着実に実施されるよう，必要な措置の実施に努めなければならない。」（改正児福33条の6の2）とされていますが，この「必要な措置」の中には意見表明等支援の担い手となる者に対する研修などの人材確保と養成が含まれています（第208回国会参議院厚生労働委員会会議録第16号9頁〔橋本泰宏政府参考人発言〕参照）。
256）ガイドライン案21頁参照。
257）スタートアップマニュアル案44頁。ガイドライン案20頁。

を置くことも重要だと考えます[258]。

🍀 4　定期訪問型と要請応答型の併用の可能性

　前記本章第1の3(2)（161頁以下）で説明したとおり，意見表明等支援事業の制度設計については，定期訪問型と要請応答型の2つに大きく分けることができると考えます。そして，これらはどちらが優れているかという問題ではなく，いずれの制度設計であったとしても大きなメリットがあります。

　そこで，筆者としては，いずれかの制度設計のみを採用するのではなく，2つの制度設計を併用することが望ましいと考えます。

　ただし，このような制度設計が可能となった場合には，それぞれの制度の長所を損なうような運用が行われないように注意する必要があります。例えば，既に要請応答型による事業を利用している子どもであっても，定期訪問型で訪れていた意見表明等支援員に話がしたいと言ったときには話すことのできる制度設計にする必要があります（意見表明等支援員を呼んで話すかどうか迷っている子どもにとって，意見表明等支援員に話すまでのハードルを下げるという定期訪問型の長所を損なわないようにする必要があります。）。他方で，要請応答型の「この人は私だけの支援員」という認識ができることにより他の子どもに気遣いする必要がなくなるという長所を損なわないように，（少なくとも同一の児童相談所や施設の中では）定期訪問型として活動する者と要請応答型として活動する者とは明確に区分するといった工夫も必要になるかもしれません。

🍀 5　子どもに対する説明と意見表明等支援員へのアクセス

　意見表明等支援員の複数選任や定期訪問型と要請応答型両方の制度を採用する場合はもとより，そもそも一時保護等が行われた時点で，子どもには「知らない大人」が多く関わることになります。子ども一人に対して何人もの大人が関わること自体はメリットも多いと思いますが，他方で，子どもの中にはCWとCPの区別も十分に付かない子どももいます。

　そのため，それぞれの"大人"がどういう役割を担っていて，子どもにとっ

258）スタートアップマニュアル案44頁。ガイドライン案20頁。

て何をしてくれる人なのかについて，子ども自身が理解できるように丁寧に説明する必要があります[259]。特に，一時保護された直後の子どもは不安や戸惑いなどの複雑な感情を抱いていることも多いですので，伝える方法だけでなく伝える時期も子どもに応じて検討する必要がありますし，さらには二度三度と説明を繰り返すこともありうると思います（前記本章第1の2(2)イ（150頁以下）参照）。

　ただし，このとき留意しなければならないことは，子どもが意見を表明する相手方は意見表明等支援員には限られないということです。

　たとえ意見表明等支援員がついていたとしても，子どもが児童相談所や施設の職員に自分の意見を表明したい場合には，それを自由に表明でき，聴かれる権利が保障されなければなりません。子どもが話したい時に話したいことを話したい人に話せる環境は子どもにとっては大きな意味を有します。

　そして，それに関連して，特に一時保護所や施設等で生活している子どもにとっては，意見表明等支援員に自由にアクセスできるような手段が構築される必要があります。例えば，児童相談所や施設等の職員を通さずに，子どもが意見表明等支援員と直接コンタクトを取ることができるような環境の整備が必要です[260]。

コラム4　奈良市子どもセンターにおける取組み

　第4章において兵庫県明石市における「こどもの意見表明支援制度」について説明しましたが，現在筆者が所属している奈良市における取組みも紹介しておきたいと思います。

　奈良市子どもセンター（以下，「センター」といいます）は令和4年4月に開設されたばかりの児童相談所ですが，開設と同時に「子どもアドボケイト」制度（以下，「本制度」といいます）をスタートさせました。こ

---

259) スタートアップマニュアル39頁，ガイドライン案29頁以下参照。
260) はがきだけではなく，子どもが自由に意見表明等支援員と直接電話やメール，チャット等ができるような環境整備が望ましいと考えます（スタートアップマニュアル案41頁，ガイドライン案30頁）。

の制度は，一時保護された子どもが周りの大人に自分の気持ちや願いを伝えられるよう，また必要に応じて外部の第三者（アドボケイト）が子どもに代わって意見を表明する制度です。

　具体的には，アドボケイトが月に2回，一時保護所を訪問して子どもたちと一緒に過ごし，意見表明を希望する子どもがいれば，その子どもと面接をします（定期訪問型）。また，それとは別に，センターの一時保護所内には，アドボケイトを呼ぶためのボックスが複数設置されています。ボックスの横には紙と鉛筆が常に置かれており，アドボケイトを呼びたい場合には，自分の名前を紙に書いてボックスに投函します（一時保護所のリビングなどには登録されているアドボケイトの自己紹介のポスターが展示されており，子どもは希望のアドボケイトがいれば，当該アドボケイトの氏名を記入して紙を入れることも可能です。）。ボックスには鍵がかけられており，毎日センター職員が回収します。ボックスの中に紙が入っていた場合には，センター職員が速やかにアドボケイトと日程調整を行い，子どもがアドボケイトと面接する日を設定します。そうして決まった日時に子どもはアドボケイトと面接を行います（要請応答型）。

　子どもと面接したアドボケイトは，面接した内容をセンター職員に伝えるか伝えないか，伝えるとしてもどのように伝えるかを子どもと一緒に相談して決めます（なお，子どもたちに対してはあらかじめ，センター職員から，アドボケイトに話した内容は原則秘密にしてくれること，他方で，一時保護所内で虐待等を受けている場合などには秘密にできないことがあることを説明しています。この点の説明は，アドボケイトが一時保護所を訪問するたびに毎回，アドボケイトからも説明してもらいます。）。

　子どもとアドボケイトが意見表明する内容を決めると，子どもはアドボケイトと一緒に自分の意見を紙に書きます。センターの管理職はその紙を確認し，子どもに対してどのようにフィードバックするか検討します（子どもがアドボケイトと作成した書面をセンターの管理職が見ることは，書面を作成する前にアドボケイトが子どもに説明し，子どもの同意を得ます。）。フィードバックの検討は，子どもの年齢や発達状況，一時保護中の子どもの様子などを総合的に考慮して，誰がどのように伝えるかをセン

ター長も含めて検討します（子どもによっては，誰から回答が欲しいかを紙に書く子どももいます。）。

　このようにセンターにおいては，定期訪問型と要請応答型を併用して運用しています。子どもによっては，アドボケイトが定期訪問型で一時保護所を訪れたときにそのアドボケイトの人となりを観察し，その後，話したいと思ったら，ボックスに紙を入れて要請応答型で本制度を利用するという子どももいます。

　また，子どもに対する本制度の説明に関しては，一時保護の後，速やかに一時保護所の職員が子ども本制度についての説明を子どもに対して行います。さらに，センターでは，一時保護開始から数日内に，常勤弁護士が子どもと一緒に子どもの権利に関するワークを個別に行っていますので，その際にも，改めて本制度の説明を行っています。定期訪問型のアドボケイトが一時保護所に来た際に，筆者が子どもたちに「アドボケイトって何か知っている人」と尋ねると，子どもたちは手を上げて「話したいことを聴いてくれる人」，「伝えたいことを一緒に伝えてくれる人」，「秘密を守ってくれる人」と自発的にドンドン答えてくれます。

　本書執筆現在（令和5年5月），本制度は一時保護中の子どもだけが対象ですが（委託一時保護は要請応答型のみ），本制度の対象となる子どもを拡大し，また内容も充実させるべく尽力しています。

あとがき

1　本書を振り返って

　第1章では，「理論」が中心であったため“理想論”という感想を持たれた方もいるかもしれません。他方で，「できるならば自分も子どもの意見表明権を十分に保障した上でケースワークをしたい。」，「もっと丁寧に子どもと関わりたい。」と日頃より思っている方もいらっしゃると思います。しかし，児童虐待通告件数は増加の一途を辿り，人員は思うように増えず，さらには度々行われる法改正の対応に追われる現状では限界があると感じるのも正直なところです。第1章第5の2（44頁以下），第2章第1の2(2)イ(ア)（62頁以下）及び第4章第1の1(2)（141頁以下）で述べたとおり，各自治体の対応で対処できるレベルではないと感じることもありますので，国レベルで，さらなる人員の確保（単純な人数の増加だけでなく，育成も含め）とそれに伴う予算の確保が必要だと思います。“大人の事情”で権利が適切に保障されない不利益を子どもに被らせることはあってはなりません。

　第2章の「実務」では，「子どもの意見表明権の保障ということは，なんとなく頭では分かってはいるんだけれど。」という児童相談所の現場における悩みに対して，どのように対応すべきなのかという点について筆者の考えを説明しました。現場では，思うようにいかないことも多いですが，「自分の人生を周りの大人に勝手に決められた。」，「納得できないルールの中での生活を強要させられた。」という思いを抱く子どもがいなくなるように，いちケースワーカーとしても執務している筆者が，（不十分ながらも）自ら気を付けている部分をもとに書かせていただきました。実際のケース対応等における手がかりの一つになれば幸いです。

　第3章では，「これから」の子どもの意見表明権の保障の在り方として，改正児童福祉法によって新設された意見聴取等措置及び意見表明等支援事業の在り方に関して，第1章の「理論」をもとにしつつ，さらに第2章の「実務」において注意しなければならない点を重点的に筆者の考えを述べました。今後，こども家庭庁等からスタートアップマニュアルやガイドライン等が発出される

かと思いますが，可能な限り現時点で公開されているスタートアップマニュアル案，ガイドライン案，改正児童福祉法の審議過程などを反映させた内容としました。

　そして，第4章では兵庫県明石市の取組みとして，「こどもの意見表明支援制度」を紹介しました。課題も多く残されている制度ではありますが，各地で意見表明等支援事業の構築を検討される際などの一助となれば幸いです。

　また，コラムでは，制度の不十分さや日常生活における子どもの意見表明権などについて筆者の想いや感じたことを率直に書かせていただきました。

2　一人の人の人生に直接触れるということ

　児童相談所で執務している中で日々感じることは，「日々行われる援助方針会議をはじめとする児童相談所内における各種会議によって，一人の人間の人生の方向性が決まっていく。」ということです。一時保護している子どもについて家庭復帰させるか3号措置を行うか，3号措置中の子どもについて自立を目指すか家庭復帰を目指すか，親子の交流をどうするか，一時保護所や施設等でのルールについてどのように見直すかなどの決定は，全て子どもの人生に"直接触れる"ものだと感じます。

　子どもの人生に"関わる"だけでなく，"直接触れる"ことができてしまうからこそ，子どもの人生を勝手に決めるのではなく，子どもの声を大切にする意見表明権が保障されなければならないと思います。一度きりの人生，他の誰でもない一人の人間が，自分の人生を自分で歩くためには，意見表明権の保障が必要不可欠だと考えます。

　「あなたの意見は聞いていません。大人（親・教師・児童相談所職員・施設職員・里親など）がこうだと言っているのだから，それに従えばいい。」，「子どもは未熟なんだから，子どもの幸せは全部大人が考える。」などという言葉や態度（＝子どもの意見表明権を蔑ろにする関わり方）では，子どもは自分の人生を歩くことができません。子どもの人生は，子ども時代が終わった後も続きます。子どもは"今"を生きる存在です。

　目の前の一人ひとりの子どもと相対するだけでなく，子どもの"目線"と同じ高さになるまで自分の目線を下げて，子どもと同じ方向を向き，今この瞬間

にこの子の目には何がどう映っているのか，そして何に不安や不満を抱いているのか，何を希望しているのか，何を感じているのか，可能な限りの想像力を働かせて自分の中に落とし込むことが重要だと思います。

　他方で，目の前の一人ひとりの子ども，さらにはその子どもを取り巻く家庭や環境に真剣に向き合うことは体力も気力も時間も必要とします。また一人の子どもや家族に対する支援が終結したとしても，同じような原因で悩んでいる子どもは数え切れないくらいいます。筆者もそのような無力感に苛まれるときが何度もありますが，それでもやはり目の前の一人ひとりの子どもに向き合っていくことしか我々にはできないのだと思います。多くの子どもを一気に救うことのできるような魔法の杖はありませんが，目の前の子ども一人の人生に良い影響を与えるために尽力するしかないのだと思います。

　人員不足をはじめとする様々な大きな課題もありますが，一人ひとりの子どもの人生に触れる中，子どもの意見表明権を保障した上で子どもが最善の利益を享受できるように，日々，頭を抱えながら筆者自身も尽力することを誓い，拙い筆を擱きたいと思います。

　最後に，本書を手に取っていただいたことに心より感謝申し上げます。

2023 年 10 月

浦　　　弘　文

著 者 紹 介

浦　　弘　文

弁護士・社会福祉士・公認心理師・精神保健福祉士

2012年弁護士登録。弁護士登録後は，少年事件の付添人や子どもシェルターに入所した子どもの担当弁護士として活動。

2017年に兵庫県明石市に入庁。2019年4月に同市に設置された明石こどもセンター（児童相談所）の立ち上げに携わり，同センター開設後は同センターの相談支援担当課長（常勤弁護士・指導指導教育担当児童福祉司）として勤務。また，2021年10月に同市が兵庫県弁護士会と協定を締結し制度化した「子どもの意見表明支援制度」を立案し，構築・運用に至るまで中心となって業務に従事。

2023年3月より，奈良市子どもセンターの常勤弁護士として勤務。

〈委員活動等〉

• NPO法人全国子どもアドボカシー協議会 理事（2022年～）
• 日本弁護士連合会子どもの権利委員会委員・幹事（2015年～）

〈共著〉

• 『子ども虐待対応　法的実務ガイドブック―児童相談所弁護士による実践的対応と書式―』（日本加除出版，2020年）
• 『子どもの虐待防止・法的実務マニュアル〔第7版〕』（明石書店，2021年）
• 『実務コンメンタール児童福祉法・児童虐待防止法』（有斐閣，2020年）

子どもの意見表明権の理論と実務とこれから
―児童相談所業務を中心に

2023年11月10日　初版発行

著　者　浦　　　弘　文

発行者　和　田　　　裕

発行所　日本加除出版株式会社
本　社　〒171-8516
　　　　東京都豊島区南長崎3丁目16番6号

組版・印刷　㈱亨有堂印刷所　　製本　牧製本印刷㈱

定価はカバー等に表示してあります。
落丁本・乱丁本は当社にてお取替えいたします。
お問合せの他、ご意見・感想等がございましたら、下記まで
お知らせください。

〒171-8516
東京都豊島区南長崎3丁目16番6号
日本加除出版株式会社　営業企画課
電話　　03-3953-5642
FAX　　03-3953-2061
e-mail　toiawase@kajo.co.jp
URL　　www.kajo.co.jp

© Hirofumi Ura 2023
Printed in Japan
ISBN978-4-8178-4922-9